MANIFESTO

BERNARDINE EVARISTO

Manifesto

Sobre nunca desistir

Tradução
Camila von Holdefer

Companhia Das Letras

Grafia atualizada segundo o Acordo Ortográfico da Língua Portuguesa de 1990, que entrou em vigor no Brasil em 2009.

Título original
Manifesto: On Never Giving Up

Capa
Giulia Fagundes

Imagem de capa
Bernardine Evaristo I, de Panmela Castro, 2022,
óleo sobre linho, 120 × 90 cm. Acervo da artista

Preparação
Laura Chagas

Revisão
Renata Lopes Del Nero
Marina Nogueira

Dados Internacionais de Catalogação na Publicação (CIP)
(Câmara Brasileira do Livro, SP, Brasil)

Evaristo, Bernardine
Manifesto : Sobre nunca desistir / Bernardine Evaristo ; tradução Camila von Holdefer. — 1ª ed. — São Paulo : Companhia das Letras, 2022.

Título original: Manifesto : On Never Giving Up.
ISBN 978-65-5921-236-1

1. Autoras inglesas – Século 20 – Biografia 2. Evaristo, Bernardino, 1959- 3. Mulheres negras – Inglaterra – Biografia I. Título.

22-112092 CDD-823.914

Índice para catálogo sistemático:
1. Escritoras inglesas : Memórias autobiográficas 823.914

Eliete Marques da Silva – Bibliotecária – CRB-8/9380

EDITORA SCHWARCZ S.A.
Rua Bandeira Paulista, 702, cj. 32
04532-002 — São Paulo — SP
Telefone: (11) 3707-3500
www.companhiadasletras.com.br
www.blogdacompanhia.com.br
facebook.com/companhiadasletras
instagram.com/companhiadasletras
twitter.com/cialetras

Para Simon Prosser, meu editor desde 1999, que nunca aceitou menos do que o meu melhor, que ficou do meu lado quando eu não fazia sentido financeiramente, que nunca me pediu para moderar o tom ou para ser mais convencional na minha escrita e que nunca deixou de acolher meus livros de alto risco. O Booker que ganhei também é dele.

Gratidão.

Nunca guardei nada para a última volta.
Do filme *Gattaca*, de Andrew Niccol

Sumário

Introdução 11

Um: herança, infância, família, origens 13
Dois: casas, apartamentos, quartos, lares 53
Três: as mulheres e os homens que vieram e se foram 81
Quatro: arte dramática, comunidade, performance, política 115
Cinco: poesia, ficção, ficção em versos, ficção de fusão 141
Seis: influências, fontes, linguagem, educação 171
Sete: o eu, ambição, transformação, ativismo 187

Conclusão 207
O Manifesto Evaristo 211
Agradecimentos 213

Introdução

Quando ganhei o Booker Prize em 2019 pelo meu romance *Garota, mulher, outras*, virei um "sucesso instantâneo" — depois de quarenta anos trabalhando no meio artístico. Não faltavam realizações na minha carreira, mas eu não era muito conhecida. O romance se tornou o número um na lista de mais vendidos em várias línguas estrangeiras, e recebeu o tipo de atenção que eu vinha desejando para o meu trabalho havia muito tempo. Em inúmeras entrevistas, me vi discutindo a trajetória que me levou a atingir o auge depois de tantos anos. Disse que me sentia implacável, porque me ocorreu que eu havia sido exatamente isso, desde que deixei a casa da minha família aos dezoito anos para abrir meu próprio caminho no mundo.

Pensei que minha criatividade podia ser retraçada até meus primeiros anos, o pano de fundo cultural e as influências que moldaram minha vida. A maior parte das pessoas que trabalham com arte tem modelos — escritores, artistas, criadores — que as inspiraram, mas quais são os outros elementos que estabelecem os alicerces para nossa criatividade e direcionam os rumos de nossa carreira? Este livro é a resposta que me dou a essa pergunta, e reúne reflexões sobre minha herança cultural e minha infância, meu estilo de vida e meus relacionamentos, a origem e a natureza da minha criatividade, minhas estratégias de desenvolvimento pessoal e meu ativismo.

Para aqueles que só se depararam com minha escrita na linha de chegada atual, este livro revela o que foi necessário para continuar seguindo em frente e crescendo; e para aqueles que têm lutado há muito tempo, que podem reconhecer suas histórias na minha, espero que vocês se sintam inspirados enquanto percorrem seus próprios caminhos para concretizar suas ambições.

Então aqui está — *Manifesto*: *Sobre nunca desistir*: um livro de memórias e uma meditação a respeito da minha vida.

Um

ān (inglês antigo)
one (inglês)
ẹni (iorubá)
a haon (irlandês)
ein (alemão)

herança, infância, família, origens

Como integrantes de uma raça, a humana, todos carregamos nossas histórias de ancestralidade dentro de nós, e tenho interesse em saber como a minha ancestralidade ajudou a determinar a pessoa e a escritora que me tornei. Sei que venho de gerações de pessoas que trocaram um país por outro a fim de conseguir uma vida melhor, pessoas que se casaram atravessando as construções artificiais das fronteiras e as barreiras de cultura e raça criadas pelo homem.

Minha mãe, inglesa, conheceu meu pai, nigeriano, em um baile para imigrantes no centro de Londres em 1954. Ela estava estudando para ser professora, em uma faculdade católica para formação de professores administrada por freiras em Kensington; ele estava se preparando para se tornar um soldador. Eles se casaram e tiveram oito filhos em dez anos. Ao crescer, fui rotulada de "mestiça", o termo para pessoas birraciais na época. Como todas essas categorias — preto, de cor, negro, pardo, birracial, não branco —, elas funcionam como descrições aceitas até serem substituídas. Agora entendemos que raça não existe de fato —

não é uma verdade biológica —, e os humanos compartilham tudo, exceto um por cento do nosso DNA. Nossas diferenças não são científicas, e sim decorrentes de outros fatores, como o ambiente. Mas raça é uma experiência vivida, e portanto é extremamente significativa. Compreender que raça é uma ficção não significa que podemos dispensar as categorias — não ainda.

O conceito de "negro britânico" era considerado uma contradição em termos durante minha infância. Os britânicos não consideravam as pessoas não brancas como concidadãs, e elas, por sua vez, muitas vezes se alinhavam com seus países de origem. Nunca tive escolha a não ser me considerar britânica. Esse era o país do meu nascimento, da minha vida, mesmo que tenha ficado claro para mim que, no fundo, eu não pertencia a ele porque não era branca. Contudo, a Nigéria era um conceito distante, um país onde meu pai havia nascido, a respeito do qual eu não sabia nada.

Sei muito mais a respeito do lado da família da minha mãe do que do lado do meu pai. Não faz muito tempo que descobri que minhas raízes na Grã-Bretanha remontam a mais de trezentos anos, até 1703. Teria sido útil saber disso quando criança, porque teria me dado uma sensação mais forte de pertencimento e munição contra aqueles que disseram — a mim e a todas as outras pessoas não brancas da época — para voltarmos ao lugar de onde viemos.

Isso não significa que alguém precise ter raízes britânicas para pertencer a este lugar, e a noção de que você só passa a pertencer se tiver essas raízes deve ser sempre questionada. Direitos de cidadania não se limitam a direitos de nascimento, e aqueles considerados "súditos" do Império Britânico mas que não foram abençoados com a "cidadania" sempre embaralharam as coisas.

Sei que o teste de DNA é controverso, pois diferentes serviços apresentam resultados variados de acordo com sua base de investigação, mas ainda assim o considero fascinante. O teste de DNA da minha ancestralidade, que remonta a oito gerações, revela uma estimativa de etnicidade que descreve as minhas raízes da seguinte forma: "Nigéria: 38%; Togo: 12%; Inglaterra, noroeste da Europa: 25%; Escócia: 14%; Irlanda: 7%; Noruega: 4%". (Os dois países que não consigo interligar com antepassados conhecidos são a Escócia e a Noruega.)

Mesmo assim, embora eu seja igualmente negra e branca em termos de ancestralidade, quando as pessoas me olham elas veem o meu pai através de mim, e não a minha mãe. O fato de eu não poder reivindicar uma identidade branca, se assim desejasse (não que eu deseje), é intrinsecamente irracional e só serve para demonstrar que a ideia de raça é absurda.

Nasci em Eltham em 1959 e fui criada em Woolwich, ambos distritos no sul de Londres. Como alguém do gênero feminino e da classe operária e uma pessoa não branca, as limitações haviam sido definidas para mim antes mesmo de eu abrir a boca para chorar depois do choque por ter sido expulsa do útero aconchegante da minha mãe, onde havia passado nove meses em perfeita harmonia senciente com minha genitora. Meu futuro não era promissor — estava destinada a ser considerada uma subpessoa: submissa, inferior, insignificante, irrelevante —, uma autêntica subalterna.

Na época do meu nascimento, apenas catorze mulheres integravam o Parlamento Britânico, em comparação com 630 homens, o que significava que 97% dos que controlavam o país eram homens. Nossa sociedade era, portanto, patriarcal. Não se trata de uma opinião, mas de um fato. As vozes das mulheres e as preocupações específicas em torno da maternidade, do casamento, do trabalho e da liberdade sexual e reprodutiva raramente eram ouvidas no plano político, e não havia muitas mulheres em posições de destaque, liderança ou poder em qualquer outro lugar da nação. Hoje, cerca de um terço dos parlamentares britânicos é composto de mulheres.

Um ano depois de eu nascer, o anticoncepcional deu às mulheres a liberdade de terem mais controle sobre o que faziam com o próprio corpo, mas outros dezesseis anos se passaram até que, em 1975, as Leis da Igualdade Salarial e da Discriminação Sexual tornaram ilegal discriminar as mulheres.

Posso dizer que herdei uma história da condição secundária das mulheres na sociedade. Minha mãe, nascida em 1933, foi criada na tradição das mulheres da época para ser subserviente ao marido com quem um dia iria se casar, para satisfazer as necessidades dele antes das dela. Ela de fato obedecia aos costumes sociais que exigiam que se submetesse à autoridade do meu pai, até que a segunda onda do feminismo nos anos 1970 começou a desafiar e a mudar os comportamentos sociais, quando então ela passou a se afirmar, inspirando-se nas quatro filhas adolescentes que estavam crescendo em tempos mais liberais. Ela enfim se tornou independente do meu pai após 33 anos de casamento.

Por intermédio do meu pai, um imigrante nigeriano que tinha navegado até a pátria-mãe na "embarcação Império" em 1949, herdei uma cor de pele que definiu como eu era percebida no país onde nasci, ou seja, como forasteira, intrusa, estrangeira. Na época do meu nascimento, ainda era permitido discriminar as pessoas com base na cor da pele, e ainda se passariam muitos anos até que as Leis de Relações Raciais abrangessem toda a dimensão da doutrina antirracista no direito britânico, desde a primeira versão, em 1965, ano em que o racismo em público se tornou ilegal, até 1976, quando a lei finalmente foi ampliada.

Na altura em que meu pai chegou a este país, outro mito prevalecia — a inferioridade dos africanos, tidos como selvagens, que circulava desde o início do projeto imperial e do tráfico transatlântico de pessoas escravizadas. Ele veio de um território que esteve sujeito à invasão colonial e à conquista por quase um século. O Império Britânico tentou perpetuar o mito de que estava civilizando culturas bárbaras, quando na realidade se tratava de um empreendimento capitalista extremamente rentável.

Embora a era da chegada da *Windrush* caribenha no pós-guerra tenha sido bem documentada e explorada,* as narrativas africanas equivalentes passaram batido. No entanto, havia muitas semelhanças entre elas. No momento em que o meu pai chegou à Grã-Bretanha, ainda jovem, foi brutalmente despojado da sua autoimagem como indivíduo e teve que assumir uma identidade imposta — como a personificação visual de séculos de deturpações negativas. A Grã-Bretanha estava recrutando pessoas das colônias para preencher as lacunas devido às baixas na Segunda Guerra Mundial. Meu pai partiu na mesma hora da sua terra natal, onde era simplesmente outro ser humano, e, em vez de ser recebido como um Filho do Império, encontrou o racismo desenfreado de outrora.

Também nasci nos níveis mais baixos da hierarquia de classes da Grã-Bretanha, um sistema classista que influenciou a qualidade de vida e as oportunidades e que persiste até hoje, ainda que em um país com uma mobilidade social muito maior. Nana, minha avó materna, era costureira. O pai da minha mãe, Leslie,

* A geração conhecida como *Windrush* é composta de imigrantes que chegaram ao Reino Unido entre 1948 e 1971. O nome faz referência ao navio *MV Empire Windrush*, que atracou em Tilbury, em 22 de junho de 1948, trazendo pessoas da Jamaica, de Trinidad e Tobago e de outras ilhas. Várias delas eram crianças. (N. T.)

era leiteiro, ou entregador de leite, como era chamado na época. Antigamente a família dele tivera uma leiteria. A única filha deles, minha mãe, frequentou a escola primária em um convento. Assim que concluiu o curso de formação e virou professora, uma das poucas profissões disponíveis para mulheres instruídas no início dos anos 1950, estava prestes a se tornar uma pessoa de classe média. Ela, porém, despencou depressa para a classe social mais baixa por conta do casamento com um africano. Em certo sentido, minha mãe se tornou negra pelo casamento e, uma vez que seus filhos nasceram, por associação biológica; uma "negra honorária", pode-se dizer.

Minha mãe sempre diz que, quando conheceu meu pai, apaixonou-se pela personalidade dele e não notou sua cor. Ela o amava e amava os filhos, e nós éramos a vida dela. Isso era tudo o que importava para ela, e não o absurdo racista de estranhos que pensavam que algumas pessoas eram menos humanas do que outras.

A herança do meu pai era nigeriana e afro-brasileira. Sua irmã gêmea morreu ao dar à luz o primeiro filho, antes de meu pai partir para a Inglaterra. Ele também tinha três meios-irmãos bem mais velhos: duas irmãs, a respeito das quais nada sei, e um meio-irmão, que chegou à Grã-Bretanha em 1927, estabeleceu-se em Liverpool, casou-se com uma irlandesa (cuja família rompeu com ela para sempre) e teve três filhas.

Meu pai, nascido nos Camarões Franceses, foi criado em Lagos, naquela época capital da Nigéria. O pai dele, Gregorio Bankole Evaristo, foi uma das pessoas que retornaram do Brasil para a África Ocidental depois que a escravidão acabou no extremamente tardio ano de 1888. Que ele próprio tenha sido escravizado é, acho, improvável. Na Nigéria, Gregorio era funcionário da alfândega, o que, imagino, tinha uma certa relevância, e era também o dono de uma casa no bairro brasileiro de Lagos. Quando a visitei, no início dos anos 1990, os proprietários me mostraram sem demora a escritura de venda obtida de minha avó, Zenobia, caso eu estivesse lá para reivindicá-la — cinquenta anos depois.

Ao que tudo indica, Gregorio conheceu Zenobia, sua segunda esposa, em um convento. Certamente ela não estava estudando lá, pois era analfabeta. Tenho comigo um documento oficial com a impressão digital dela como assinatura, que acho comovente de se olhar — a evidência física do desenho único de sulcos e linhas. Como nunca visitamos a Nigéria e ela não visitou a Inglaterra, nunca nos conhecemos. Até hoje sei muito pouco a respeito dela ou do meu avô, que morreu antes de meu pai nascer. Meu pai era incapaz de descrever a mãe, só dizia que ela era muito boa.

Sempre adorei a única fotografia da minha avó que ficou com nossa família. Fotografada nos anos 1920, acho, ela está bem arrumada, talvez para o próprio casamento. Ela tem uma aparência rechonchuda, doce, adorável, digna, mas recatada. (Eu, ao contrário, nunca pareci recatada. Deus me livre.) Há pouco tempo me foi dada uma foto da minha avó no final da vida e fiquei impressionada com a transformação. O rosto magro, atormentado e trágico da velhice destruiu a imagem idealizada que carreguei comigo durante décadas. Zenobia havia perdido o marido cerca de quarenta anos antes, a irmã gêmea do meu pai tinha morrido, e meu pai, emigrado para a Inglaterra sem lhe dizer nada, caso ela tentasse impedi-lo, e sem escrever ao chegar, na verdade sem escrever jamais. Talvez ele estivesse com vergonha da forma como partiu. Quando se casou com minha mãe, ela assumiu a responsabilidade de se comunicar com a sogra, que usava um escriba para responder. Infelizmente, suas cartas não revelavam nada a respeito de quem era ou como viveu a vida.

Quando minha avó morreu, em 1967, meu pai recebeu uma carta de alguém na Nigéria ligado à família contando-lhe a notícia:

> Eu sou alguém que dou [sic] o devido respeito aos meus pais especialmente à minha mãe que cuida [sic] muito bem de mim quando eu era um bebê e sua falecida mãe me disse que desde que você partiu você não se importou ou se interessou por ela o que é muito ruim e agora o fim chegou e lamento muito informar que a sua mãe morreu no dia 5 e o enterro vai ser no dia 11 [...]

A única vez que nós, crianças, vimos nosso pai, um disciplinador rigoroso, aos prantos foi quando ele recebeu essa carta. Escorraçados da cozinha, nos amontoamos do lado de fora da janela do jardim, olhando com descrença para ver as evidências com nossos próprios olhos. De invencível a vulnerável em um instante. Pensávamos que o nosso pai não tinha sentimentos, mas aqui estava a prova de que tinha. Em vez de nos fazer chorar, ele próprio estava sofrendo. Refletindo a respeito disso agora, fica claro que meu pai não era o homem severo que conhecemos, mas uma pessoa que não conseguia expressar suas emoções. A dor pela morte da mãe tomou conta dele — a perda, talvez culpa, a certeza de que nunca mais a veria.

Com oito filhos de menos de dez anos para sustentar, meu pai não tinha dinheiro para voltar para casa e ir ao funeral. Não houve mais contato com a família nigeriana até 1984, quando perguntei se ele tinha algum endereço na Nigéria, e ele me entregou o de uma prima que tinha visto pela última vez antes de deixar o país. Escrevi para ela e guardei uma cópia da carta, na qual implorava: "Quero desesperadamente saber mais a respeito dos meus parentes, tios, tias, primos etc. — pessoas de quem nunca ouvi falar e nunca vi".

A prima estava agora com idade avançada e a filha respondeu em nome dela, dizendo que ficou muito feliz em saber que meu pai estava vivo. Ela escreveu que a mãe "se desfez em lágrimas porque havia perdido todas as esperanças de receber notícias do seu pai. [...] Ela cantou, dançou e por fim rezou".

Meu pai não voltou para a Nigéria até o início dos anos 1990, 44 anos depois de ter partido. Eu o levei para casa com minha mãe, já tendo feito a viagem um ano antes. Meus pais haviam se divorciado e vendido a casa da família, e ele podia se apresentar como um homem de posses. Esperava-se que os nigerianos da geração do meu pai que emigravam para a Inglaterra voltassem ricos. Do contrário, envergonhariam a família e seriam vistos como fracassados. O mito das ruas da Grã-Bretanha "pavimentadas de ouro" prevaleceu nas colônias, e aqueles que ficaram em seu país de origem não tinham ideia de como era difícil para as pessoas que foram parar no coração imperialista.

A única fotografia que tenho de Gregorio é a de um homem bem-vestido sentado majestosamente, transmitindo poder e autoridade. Sua fisionomia imponente se parece com a do meu pai.

Fico frustrada porque o que sabemos da ascendência do meu pai não vai além dos pais dele. Quando visitei a Nigéria, me disseram que as pessoas não gostam de falar dos mortos, o que não é útil para quem está tentando descobrir mais coisas. Qualquer que fosse a condição do meu pai em sua terra natal, na Grã-Bretanha ele se capacitou como soldador e trabalhou em fábricas. Ele pertencia ao que chamo de classe imigrante negra do período. Mesmo que tivesse sido um príncipe iorubá, como afirmavam os homens da geração dele para flertar com mulheres inglesas crédulas naquela época, sua posição social ainda era determinada pela raça e pela condição de estrangeiro, e era considerada inferior à da classe operária branca. A classe imigrante negra do século XX era vista como uma classe à parte, que desafiava os fatores econômicos. Ainda hoje, a classificação da classe operária é tida como branca, como se ser negro e da classe operária fosse um oximoro.

Embora descreva minha origem como sendo da classe operária, era mais complicado que isso, como muitas vezes é. Meu pai era da classe imigrante negra, mas a educação e a profissão da minha mãe eram consideradas de classe média, mesmo que os pais dela fossem da classe operária. Nossa família passou por dificuldades financeiras. Como minha mãe não voltou a dar aulas até o filho mais novo estar em idade escolar, meus pais criaram oito filhos só com o salário de fábrica do meu pai. Priorizando a educação, meus pais conseguiram pagar para o meu irmão mais velho frequentar a escola privada por alguns anos. Ele ainda se lembra da vez em que sua classe teve que ler em voz alta, um depois do outro, o popular livro infantil racista *The Story of Little Black Sambo* (1899), sobre Sambo e seu pai, Black Jumbo, e sua mãe, Black Mumbo. *Sambo* sempre foi um insulto racista nos Estados Unidos e na Grã-Bretanha, e *mumbo-jumbo* era um termo pejorativo para línguas de países de maioria negra, que eram consideradas sem sentido. Quando meu irmão de sete anos, a única criança não branca na classe, foi obrigado a ler aquele texto racista, todos na sala explodiram em gargalhadas. Ele nunca se esqueceu disso.

Meus pais também pagaram para que alguns de nós frequentássemos a escola primária do convento católico, que ficava convenientemente bem ao lado de casa, uma escola pública que contava com ajuda voluntária e era financiada em parte pela Igreja, mas que exigia uma contribuição simbólica de dez libras por ano. Meu pai, que cresceu em uma cultura de troca onde o custo de tudo está aberto à negociação, barganhou com as freiras um desconto para o grupo, o que reduziu nossas taxas anuais de dez libras por criança para seis. Não era exatamente Eton.*

* Um dos colégios de elite mais importantes da Inglaterra. (N. T.)

Sempre estávamos muito bem-vestidos quando crianças, algo de que minha mãe se orgulha até hoje — a capacidade de manter a prole de oito filhos em sua melhor aparência —, e nossa casa era limpa, ainda que deteriorada e excêntrica. Meus pais eram os proprietários, o que é um termo um pouco equivocado, porque uma hipoteca é essencialmente uma dívida de 25 anos. Talvez isso tenha influenciado o que viria a se tornar minha atitude anti-hipoteca alguns anos mais tarde.

Meus pais implementaram rodízios de limpeza doméstica quando nós, crianças, já tínhamos idade suficiente, trabalhando em dupla e limpando a casa de cima a baixo todos os sábados de manhã, bem como um rodízio diário para lavar e secar a louça. Desde pequenos preparávamos nosso próprio café da manhã, e aos onze anos começamos a lavar e passar nossas próprias roupas. É óbvio que todos nós nos tornamos adultos altamente independentes.

Como cresci birracial e com a pele negra numa área predominantemente branca, era inevitável que eu fosse notada por ter uma aparência diferente da maioria. Ser notada é uma coisa, mas ser maltratada é outra.

Minha família suportou os insultos das crianças que papagueavam o racismo dos pais, junto com os ataques violentos à nossa casa, levados a cabo por marginais que jogavam tijolos nas vidraças com tanta regularidade que sabíamos que seriam quebradas de novo assim que fossem substituídas. Meu pai perseguia os arremessadores e literalmente os arrastava para a casa dos pais para fazê-los pagar pelo prejuízo. (Hoje em dia seria inadmissível ele fazer isso.) Quando criança, você é profundamente afetada por esse nível de hostilidade sem ser capaz de racionalizá-la ou expressá-la. Você se sente odiada, mesmo que não tenha feito nada para merecer aquilo, e então acha que tem algo de errado com você, em vez de algo de errado com eles.

Uma criança precisa se sentir segura, pertencente àquele lugar, mas, quando você é pré-julgada antes mesmo de abrir a boca, a sensação é a de que não está segura, de que não pertence. Parecia injusto porque, por dentro, eu me sentia igual aos meus coleguinhas brancos. Gostávamos das mesmas músicas e dos mesmos programas de televisão, respirávamos o mesmo ar, comíamos a mesma comida, tínhamos os mesmos sentimentos — os humanos. Com o tempo, desenvolvi um campo de força autoprotetor ao meu redor, que persiste até hoje.

Minha família não sofreu nenhum dos outros ataques populares à época, os presentes de "boas-vindas à vizinhança" que outras famílias negras receberam, como bombas incendiárias e o uso pioneiro de excrementos ou de ratos mortos na soleira da porta. O vizinho que morava em frente fazia cara feia sempre que nos via e nunca disse um "olá" à nossa família. Muitos dos nossos outros vizinhos eram legais, embora socialmente não nos misturássemos com eles. Meu pai manteve um martelo ao lado da cama durante todo o tempo que viveu na Grã-Bretanha, mesmo quando não precisava mais. Se fosse legalizado, teria sido uma arma. Ele encarou a linha de frente da violência racista desde o instante em que desceu do navio que o transportou de Lagos para Liverpool. Como ex-boxeador adolescente e, como gosto de pensar nele, um guerreiro iorubá, meu pai enfrentou os agressores. Em 1965, ele processou o vizinho da casa ao lado que permitia que seu cão sujasse nosso jardim. Ao ser desafiado por meu pai, o homem o chamou de "preto cretino" e começou uma briga, incitando o cão para cima dele. Quando meu pai tentou acabar com a briga, o racista o seguiu até nossa casa, o atacou e começou tudo de novo.

Enquanto escrevo isso, tenho diante de mim o testemunho legal do meu pai a respeito do incidente, datilografado em grandes folhas de papel fino, sépia por conta do tempo. Apesar do que meu pai suportou, ele nunca se viu como sofredor, vítima, mas como um lutador que deu o melhor de si. Sou igual, embora minhas batalhas sejam travadas com palavras. Não gosto de pessoas tentando levar a melhor sobre mim, e meu pai foi um exemplo nesse sentido. Não costumo iniciar uma discussão e no geral evito conflitos, embora costumasse ficar inflamada quando tinha uns vinte anos. Mas, se alguém comprar briga comigo, vou ter a última palavra.

Os padres teoricamente religiosos da nossa igreja católica romana não falaram nem sequer uma vez com minha virtuosa mãe católica e seu bando de crianças negras quando nos reuníamos do lado de fora da igreja para a socialização pós-missa; o padre, como um anfitrião popular e requisitado, circulava encantando os paroquianos, ou pelo menos os favoritos dele, os bajuladores que o convidavam para jantar e beber vinho à noite. O papa superstar era obviamente indisponível, então os padres deuses do rock eram o prêmio de consolação. Tudo não passava de um grande carrossel social para esses homens profanos que muitas vezes estavam bêbados quando íamos à Santa Confissão para confessar nossos "pecados". Sentíamos o fedor de álcool deles às onze da manhã de sábado, enquanto falávamos através da treliça de madeira do confessionário.

Os padres não estenderam a mão nem sequer uma vez para demonstrar interesse ou oferecer ajuda à única família negra do rebanho. Minha mãe uma vez procurou um padre para pedir conselhos sobre como parar de ter filhos quando a igreja condenava a contracepção. Ele lhe disse que, como a contracepção era proibida, ela não poderia se valer dela, embora isso tenha acontecido quando a maioria das mulheres da paróquia tinha apenas dois ou três filhos, claramente usando algum contraceptivo.

Minha mãe se lembra de um padre, um cônego, fazendo a ronda quando ela estava no hospital prestes a dar à luz seu oitavo e último filho. Quando ela lhe disse onde morava, ele perguntou se era perto "da casa onde moram os escurinhos", sem fazer ideia de que a criança dentro do útero da minha mãe era precisamente um daqueles escurinhos. Fiel seguidora dos preceitos da Igreja, minha mãe ficou abalada pela linguagem racista escancarada empregada por aquele homem de batina. Hoje a reputação dos padres católicos foi irremediavelmente manchada em várias frentes, mas naquela época eles eram tratados e agiam como semideuses na comunidade.

Em outra ocasião, um dos padres locais finalmente nos fez uma visita pastoral. Minha mãe foi uma paroquiana fiel por dezesseis anos e ficou emocionada com esse sinal tardio de aceitação pelos líderes locais de sua religião, para então descobrir que a missão dele era persuadi-la a vender nossa casa para a igreja. A casa havia sido construída originalmente como parte da escola do convento ao lado. A escola precisava do espaço, disse ele, enquanto comia com avidez os sanduíches de patê e pepino de minha mãe.

Não tínhamos dúvidas, na minha família, sobre a hipocrisia do clero católico, e à medida que cada um de nós atingia a idade de quinze anos, depois de dez anos assistindo às missas dominicais, tínhamos, meus irmãos e eu, a escolha de continuar ou não. Um por um, deixamos a Igreja para nunca mais voltar; minha mãe fez o mesmo no momento oportuno.

Meus irmãos e eu não fomos aculturados no lado nigeriano herdado do nosso pai, que nos repelia quando estávamos curiosos para saber mais. Depois que já éramos adultos, ele explicou que a falta de informações sobre a Nigéria era intencional, a fim de facilitar nossa assimilação na Grã-Bretanha. A verdade é que ele não tinha tempo, paciência ou personalidade para ensinar a oito crianças de idades diferentes os aspectos de sua cultura ou da língua iorubá. Quem teria, com tantos filhos? A língua em si já é difícil de aprender quando assimilada no dia a dia em um ambiente em que se fala iorubá. Como contém vários tons, cada um deles pode mudar o significado das palavras, algumas das quais acabam com várias interpretações diferentes. Por exemplo, a palavra *oro* significa "amigo", "cidade" e "oferta"; enquanto a palavra *ogun* significa "propriedade", "medicina", "guerra", "charme" e "vinte", e ainda é o nome de um deus do panteão iorubá. Anos atrás tentei aprender iorubá na escola noturna e não fui muito além de contar até dez.

Meu pai raramente nos deixava sair para brincar, e de jeito nenhum na rua, numa época em que as crianças eram muitas vezes livres para perambular por aí, sem os medos e as restrições que com razão abundam nos dias de hoje. Ganhamos uma bicicleta a certa altura, mas, como era partilhada entre oito de nós, era um recurso bastante supérfluo. Meu marido se lembra da infância dele no subúrbio quando tinha permissão para sair de casa pela manhã, levando um lanche embrulhado, e passar o dia todo brincando nos parques com os amigos, voltando antes de escurecer. Parece ter sido alegre, e para ele foi mesmo. Que bom que tínhamos um grande jardim onde gastávamos energia.

O choque cultural inevitável de um imigrante cuja ideia de criar os filhos se origina de uma cultura completamente diferente daquela em que seus filhos nasceram estragou minha infância em alguns aspectos. Para um nigeriano nascido na década de 1920, as crianças deviam ser vistas e não ouvidas, e deviam receber castigos corporais por crimes cometidos contra seu regime militarista. Infelizmente para nós, não morávamos na Nigéria, onde essa era a norma, mas na Grã-Bretanha, onde bater em crianças já estava em baixa. Nem o medo que meu pai incutiu em nós foi compensado com afeto em outros momentos. Quando descobri que meus colegas de escola eram simplesmente repreendidos pelo mau comportamento, aquilo me pareceu uma injustiça terrível. Eu vivia com medo dele, da colher de pau que ele usava para os delitos menores e do cinto que usava para os maiores. Minha mãe implorava por clemência em nosso nome, mas não teve muita sorte em revogar a autoridade do Oga, do chefe, do patriarca da casa.

Não havia nada na sociedade britânica da minha infância suburbana que endossasse o conceito de negritude como algo positivo, exceto a música que vinha dos Estados Unidos, como The Supremes, The Jackson 5, Stevie Wonder e The Four Tops. Fora isso, era sinônimo de ser mau, perverso, feio, inferior, criminoso, estúpido e perigoso — e meu pai era assustador. Como um dos meus irmãos costumava dizer, "Quando o papai entra pela porta da frente, a alegria sai pela porta dos fundos". Ele nunca falava com a gente, a menos que fosse para dar um longo sermão sobre nosso suposto mau comportamento; às vezes chegava a durar uma hora, enquanto tínhamos que ficar em posição de sentido, com o jeito de quem está absorvendo tudo, como crianças boazinhas — sem sorrisos, caretas, bocejos, revirar de olhos, ou então a gente ia ver só. Se quiséssemos ir a algum lugar com nossos amigos, precisávamos fazer uma solicitação com semanas de antecedência e ouvir outro sermão sobre os perigos da sociedade e nossa própria essência, que com frequência era proferido enquanto engolia o jantar que ele mesmo preparava — carne, batata, cenoura, repolho, tudo completamente amassado com molho de carne. Ele sempre chegava do trabalho e cozinhava o próprio jantar. Comia direto da panela, como fazia com seu mingau matinal, o que era bastante prático, pensando bem, porque economizava na hora de lavar a louça. Ao final do sermão interminável, era provável que a autorização fosse recusada. Um sermão também podia preceder uma dose de castigo corporal.

Quando meu pai chegava em casa do trabalho, normalmente depois da hora que tomávamos chá, ele se sentava na cozinha com minha mãe, enquanto nós, crianças, ficávamos na sala de estar do andar de cima, vendo televisão. Ele sempre parecia zangado, então pressionávamos nossos ouvidos no chão tentando decifrar o que estava dizendo. Na maioria das vezes ele não estava com raiva nenhuma, e foi só quando visitei Lagos pela primeira vez que percebi que a maneira como ele falava era característica da sua cultura. Por toda parte, parecia que os homens gritavam enraivecidos, até que entendi que só estavam falando de forma expressiva e, sim, bem alto.

Em família, tínhamos conversas animadas depois do jantar com nossa mãe, que nos incentivava a expressar o que tínhamos a dizer. Conversávamos a respeito do dia, provocávamos uns aos outros e falávamos de assuntos do momento, embora isso pareça mais grandioso do que de fato era. Meu pai, se estivesse lá, ficava em silêncio no lugar dele na ponta da mesa, com a cabeça numa panela, ou só conseguia participar dando palestrinhas sobre política, o que matava a conversa. Ele comia fazendo barulho, então eu sempre tentava me sentar o mais longe possível dele.

Não tive uma conversa decente com ele até ter uns vinte e poucos anos. Para ser bem franca, eu o desprezava nos anos da minha adolescência. Odiava a mortalha opressiva que ele lançava sobre a casa, a forma como vetava nossas liberdades. Mantive um diário em 1975 que ficou quase vazio, exceto pelas páginas em que rabisquei repetidamente que o odiava.

Na altura em que saí de casa e fui viver minha própria vida independente, fora da jurisdição dele, minha animosidade começou a desaparecer, e com o tempo, pouco a pouco, comecei a amar meu pai, ou melhor, a admitir meu amor por ele. Passei dezoito anos da minha vida morando com ele, e ele era parte integrante do meu ser. Assim que escapei do seu domínio, pude começar a me relacionar com ele em termos mais igualitários.

* * *

Minha mãe era o oposto do marido. Eles eram o exemplo mais extremo de casal yin-yang. Ela era tão acessível e comunicativa quanto ele não era; tão calorosa e maternal quanto ele era assustador e arredio; tão tranquila quanto ele era inconstante. Minha mãe se lembra de o nosso pai participar e ajudar com os filhos quando éramos bem pequenos — antes de ele ir para o trabalho de manhã e depois de voltar para casa à noite. Ela não teve de dar conta de tudo sozinha, embora tenha voltado a trabalhar em tempo integral como professora quando o mais novo tinha idade suficiente para ir à escola. A essa altura ela tinha dois empregos de tempo integral — mãe e professora.

Minha mãe adorava criar a pequena tribo dela, e conseguia conciliar todas as demandas diferentes envolvidas. Ela era boa com dinheiro e, se voltássemos com um centavo a menos de uma ida ao verdureiro ou à cooperativa, ela nos mandava de volta para recuperá-lo. Meu pai fazia uma compra semanal em Woolwich — para coisas viris, como carne do açougue —, uma coisa meio caçador-coletor. Quando voltava para casa, ele colocava tudo na mesa da cozinha e conferia com o recibo. Também não se importava de fazer a caminhada de quinze minutos de volta à cidade se tivesse recebido menos troco do que deveria.

Com as finanças limitadas, minha mãe se certificava de que comíamos comida nutritiva, e contava fatias de pepino e folhas de alface no nosso prato. Tínhamos que comer o que nos davam e não havia lanches entre as refeições. Não podíamos ter frescura para comer nem comer demais. Isso foi muito antes do jantar "estilo bufê" se tornar norma para as famílias britânicas. Uma ou duas balinhas por semana eram o mimo das noites de sexta-feira. Sempre fomos saudáveis e de fato quase nunca ficávamos doentes, exceto quando pegávamos um resfriado. Não tínhamos dinheiro para ir a cafés ou restaurantes, e as viagens de férias eram poucas e muito espaçadas. Lembro de uma viagem escolar a Stonehenge, um acampamento de férias em um trailer apertado enquanto chovia o tempo todo, e de uma viagem horrivelmente inesquecível para visitar uma amiga da minha mãe em Somerset, cujos filhos racistas nos chamaram de "macacos". Imagine a dor. Eu tinha cerca de nove anos, estava tão animada para viajar e acabei sendo tratada com desprezo pelas crianças que deveriam ter se tornado nossas amigas. Minha mãe a princípio queria criar a família no campo, mas sabia que sentiríamos toda a força do racismo rural.

Minha mãe é uma mulher incrível, corajosa e honrada, embora, como é muito modesta, seja a última a reconhecer isso. Ela tinha uma espécie de aura de mãe natureza que contrabalançava a criação autoritária do nosso pai. Sua própria mãe tinha sido muito controladora e, como uma reação a isso, ela queria que os filhos respirassem livremente e não fossem intimidados pelo nosso pai. Nós, crianças, disputávamos para ver quem seriam os sortudos que iam lhe dar o braço no caminho até a igreja e massagear os pés dela à noite, quando finalmente se reunia conosco para assistir à televisão depois que as tarefas domésticas tinham sido concluídas.

A atenção dela tinha que ser dividida, é claro, porque ter oito filhos em dez anos significava que o último bebê era sempre usurpado depressa pelo recém-chegado. Momentos de vínculo materno íntimo precisavam ser limitados, apesar do amor dela por nós, e minha irmã mais velha teve que assumir algumas das funções de cuidadora. Como filha do meio, eu estava livre de quaisquer responsabilidades a não ser me divertir.

Eu era uma moleca, espremida entre dois irmãos que me deixaram brincar com eles até que não quiseram mais, criando um vínculo entre si maior do que poderiam criar com a garota na equação. Eu sou a quarta na família, e nós, filhos do meio, costumamos ser muito independentes, por motivos óbvios. Você simplesmente segue em frente. Sempre senti que tinha uma força interior, e com isso quero dizer que não sou carente ou insegura, não anseio por aprovação o tempo todo e estou feliz com minha própria companhia. Em relação ao alcance da minha vida e da minha carreira, um âmago tenaz foi essencial para a minha sobrevivência criativa. É provável que essa tenacidade tenha sido inicialmente desenvolvida na minha primeira infância. Nunca fiz terapia, já que gosto de viver com meus demônios. Com isso, não quero dizer que estou vivendo com um trauma não resolvido, mas que me tornei adepta do autoquestionamento e nunca me senti impelida a procurar ajuda. Gosto de resolver as coisas sozinha e acho que este livro é um ato gigantesco de autoquestionamento.

Meu pai pouco afetuoso exigia um beijo de boa-noite dos filhos, um gesto obrigatório de devoção. "Boa noite, papai", tínhamos que dizer. Era a última coisa que eu queria fazer antes de ir para a cama, ou a qualquer momento, mas você arranjaria problemas se não descesse a escada até a cozinha, onde ele estaria sentado lendo jornal ou ouvindo rádio, e passasse pelo ritual.

Nunca fui tratada como um indivíduo pelo meu pai e não consigo me lembrar de nenhuma conversa com ele que não tenha sido um sermão. Seus filhos eram enfiados no mesmo saco como se fossem uma coisa só. Ele nunca disse nem mesmo um "Como foi o seu dia, Bolaji?". (Meu nome iorubá é Mobolaji. Meus pais deram aos filhos nomes em inglês e em iorubá.) Você não desenvolve um relacionamento pessoal com sua filha se não é capaz de dar um mínimo de atenção a ela.

Em contrapartida, minha mãe queria que todos nós fôssemos espíritos livres em vez de conformistas. Ela tinha visto como a vida de Nana havia sido arruinada pela preocupação com o que os vizinhos pensavam dela, morando no subúrbio ao lado de pessoas que "espreitavam pelas cortinas", presas às suas ideias convencionais e se esforçando para manter as aparências com casas ideais e jardins bem cuidados.

Minha mãe lamentou quando todos nós de fato nos tornamos espíritos livres, porque às vezes era difícil demais lidar conosco. De um jeito meio contraditório, ela me disse, quando eu estava com uns trinta e poucos anos, que não gostava muito de mim quando eu era criança porque eu tinha "personalidade forte". Não é bem um pecado segundo os mandamentos da maioria das pessoas, respondi, um pouquinho magoada, apesar de não me lembrar de ter me sentido desprezada quando criança; então, no que me diz respeito, não houve nenhum trauma. Ela explicou que quis dizer que eu era muito frenética e, com tantas crianças para cuidar, aquilo dificultou ainda mais o trabalho dela. Gosto da ideia de que eu era intensa, então sem ressentimentos, e é verdade, me lembro de ter me metido em encrencas à beça.

Com o tempo, entendi e reconheci que meu pai nos manteve seguros, fomos bem cuidados e ele era financeiramente responsável. Meus pais ficaram juntos por 33 anos, numa época em que os casamentos inter-raciais tendiam a não durar muito. Ele foi o melhor pai que poderia ser, para alguém desenraizado da cultura nigeriana, onde ele teria tido muito mais apoio para criar sua grande família. E ainda assim o temíamos, e ele, por sua vez, temia por nós. Ele sabia o quanto a Grã-Bretanha era perigosa para nós. Seus quatro meninos e quatro meninas precisavam ser protegidos. Quando nos tornamos adolescentes, é bem provável que também precisássemos ser protegidos de nós mesmos.

Fora da família, meu pai era sociável, a vida e a alma da festa, fazendo amizade com pessoas de todas as raças, do mesmo jeito que eu sempre fiz. Seu principal ponto de encontro era o Clube Católico no centro de Woolwich, embora ele não fosse de fato católico. Com frequência era o único homem negro no recinto, e ele bebia um ou dois drinques, mas não se excedia. Não tenho nenhuma lembrança dele voltando para casa bêbado.

Nos anos 1970, meus pais se envolveram com política, e fico extremamente orgulhosa deles não só por personificarem o amor entre as raças, mas por terem dado um passo adiante e hasteado a bandeira pela igualdade. No trabalho, meu pai fez amizade com um polonês que era comunista e que influenciou seu pensamento a tal ponto que meu pai se filiou ao sindicato dos trabalhadores e se tornou representante sindical no chão de fábrica, enfrentando a direção em nome dos colegas, e perdendo empregos como resultado. Provavelmente não ajudou em nada ele ter mandado o gerente de seu último local de trabalho, em uma discussão sobre o ar-condicionado precário, se foder. Ele então aprendeu sozinho a ser encanador e montou seu próprio negócio, a Hidráulica Kaduna, apesar de ter perdido dinheiro porque não queria cobrar dos clientes empobrecidos a taxa em vigor. Ele também foi eleito vereador trabalhista local, uma função não remunerada, com a missão de ajudar as pessoas desfavorecidas do distrito, especialmente as que recebiam auxílio do governo ou tinham baixos rendimentos, e de representá-las nas reuniões no conselho municipal local.

Era o primeiro homem negro a assumir essa função em Greenwich, quando outro vereador local passou a atormentá-lo de forma obstinada com subentendidos racistas, e meu pai, incapaz de responder à altura ao modo britânico de ser passivo-agressivo, como minha mãe aconselhou, recorreu a uma forma mais elementar de retaliação. Um dia, quando topou com esse homem fora da Câmara Municipal, deu-lhe, como um verdadeiro guerreiro iorubá, um soco tão forte que ele acabou no chão. Isso resultou na expulsão do meu pai do Partido Trabalhista. Sem se deixar intimidar, ele persistiu, ganhou como vereador independente e continuou a fazer seu papel.

Meu pai também se envolveu com a crescente comunidade afro-caribenha da região, ajudando a conseguir que um abrigo para idosos africanos e caribenhos fosse levado adiante, sem saber que no futuro ele passaria o último ano de sua vida entre aquelas paredes.

Nesse meio-tempo, minha mãe voltou a lecionar e era devotada a suas obrigações. Ainda hoje é abordada em Woolwich por marmanjos corpulentos de meia-idade que foram seus alunos, que a agradecem por ter sido uma professora fantástica quando eram meninos. Ela, é claro, mal consegue reconhecê-los, mas eles nunca a esqueceram. Ela se tornou a representante do sindicato na escola secundária onde ensinava e enfrentou a administração para garantir que o corpo docente não fosse explorado.

Durante um tempo, meus pais foram membros do Partido Socialista dos Trabalhadores. Eles participaram de manifestações antinazistas e antirracistas no centro de Londres, assim como eu. Depois de uma dessas passeatas, minha mãe e uma das minhas irmãs voltaram para casa abaladas porque tinham sido encurraladas por policiais a cavalo depois de marchar por Whitehall e passarem pela residência do primeiro-ministro no número dez da Downing Street, na época em que era uma via aberta. A polícia montada tinha investido contra a multidão até que elas foram empurradas para um beco sem saída, com medo de serem pisoteadas, mutiladas, mortas. *Kettling*, como era chamada, era uma tática policial naquela época, e altamente perigosa.

Enquanto escrevo isso, está bastante claro para mim que minha carreira criativa e meu ativismo podem ser rastreados até o núcleo familiar político em que cresci, onde a individualidade era encorajada pela minha mãe e ambos, meu pai e minha mãe, davam exemplo de responsabilidade social e engajamento político.

Vinte anos atrás, quando me disseram ao telefone no meio da noite que, após vários derrames, meu pai havia morrido, perdi todo o controle e desabei soluçando no chão. Àquela altura, o monstro assustador da minha infância havia se metamorfoseado em um velho solitário. Sua vida anterior, quando cuidava de nós e era casado com minha mãe, quando era o líder da casa, havia sido seus anos de glória. A derrocada rumo à bebida e à falta de autocuidado começou quando ele se mudou da casa da família para uma pequena casa caindo aos pedaços que exigia reparo, mas que nunca foi reformada; é claro que não foi. Ele se mantinha limpo, mas não a casa. No final, ele bebia demais, dormia sentado na cadeira, nem se preocupava em subir para o quarto e mal tocava nas refeições que mandávamos entregar lá. Seus últimos anos foram trágicos. Era óbvio que papai não queria mais viver.

Algumas semanas depois da morte dele, uma pessoa que se revelou uma falsa amiga minha, uma socialista de poltrona que pouco fazia além de assistir à televisão durante o dia e meter o pau na Inglaterra, me telefonou. Quando contei que meu pai havia morrido, um homem que ela nunca conheceu, ela respondeu: "Ah, bom, ouvi dizer que ele era um Pai Tomás".

Não falei mais com ela desde então.

Meu pai foi um homem de grande coragem, generosidade e perseverança que usou a energia que tinha para lutar pelos direitos dos outros. Sem dúvida pisou no calo de algumas pessoas, mas fico impressionada com a trajetória dele, de imigrante que era alvo de ataques a defensor comunitário das classes trabalhadoras — de todas as cores. Minha atitude em relação a ele havia evoluído desde uma infância em que, se tivesse tido a chance de renegá-lo, teria aproveitado a oportunidade. Eu tinha vergonha da pele muito escura dele, e me lembro de atravessar a rua quando o via caminhando na minha direção. Era racismo internalizado, puro e simples. Os pais de hoje aprenderam a importância do reforço cultural e de incutir nos filhos negros um senso de autoestima em uma sociedade de maioria branca. Naquela época, isso nem estava no horizonte. Negro era mau, e branco era bom. Quando criança, eu teria matado para ser branca, com longos cabelos loiros, é claro, o ideal de beleza. Venho de uma geração de meninas negras que costumavam colocar casacos na cabeça para que pudéssemos sacudir nosso "cabelo" comprido por cima do ombro.

As redes de apoio, as conversas, os livros, a atenção dos meios de comunicação e a conscientização relativos a essas questões não existiam na minha infância, e o que existia não era acessível para mim em Woolwich. Como pessoa não branca, você tinha que descobrir por conta própria. Como sabemos, algumas pessoas multirraciais não se identificam como negras e optam pela categoria birracial, que é uma prerrogativa delas. Por outro lado, se você for claro o suficiente para ser racializado como branco, isso se torna uma opção, e infelizmente algumas pessoas se desassociam das próprias origens a fim de manter uma nova identidade branca. Uma série de pessoas famosas seguiram esse caminho no passado, como as estrelas de Hollywood Carol Channing e Merle Oberon.

Durante a minha infância, eu parecia ser atraída inconscientemente para pessoas diferentes, sem perceber que um padrão estava surgindo. Minha melhor amiga de infância era metade iraquiana, embora não parecesse; idem com outra amiga, que era metade grega. Meu primeiro namorado da adolescência era um judeu húngaro de pele escura, e o segundo era um inglês branco, mas que cresceu na África do Sul. Quando fui para a escola de teatro, em 1979, finalmente pude conhecer outras mulheres negras além das minhas irmãs, com um recorde de cinco de nós na mesma faculdade. No momento em que as encontrei, criamos um vínculo a partir de nossas experiências de sermos vistas como estranhas e da luta para sentir que fazíamos parte, enquanto a mensagem predominante na nossa sociedade dizia que não. Logo reivindiquei uma identidade política negra, o que parecia ser a coisa mais natural a fazer.

Ao me alinhar com pessoas negras através do conceito de cor, descobri culturas negras e desenvolvi uma nova curiosidade a respeito da minha própria herança nigeriana e da África de modo mais geral, suas civilizações antigas e o papel do Império Britânico. A história negra estava ausente no sistema educacional britânico quando eu era criança, e continua assim até hoje, ainda que a história da Grã-Bretanha tenha se entrelaçado com a história africana, asiática e caribenha por centenas de anos. Você não pode separar a história imperialista da Grã-Bretanha da identidade nacional, mas essa omissão gritante e distorcida dos nossos programas de ensino prevalece.

Ser birracial deu origem a uma série particular de experiências, observações e desafios. Assim que saí da escola de teatro e comecei a me movimentar em círculos negros, me identificar como tal não era tão simples como eu imaginava. Apesar de me sentir aceita pelas minhas colegas negras, nem sempre era bem-vinda em outros ambientes enquanto fazia a transição de uma infância em que não me sentia confortável com a cor da minha pele para uma identidade política negra. Logo me deparei com o conceito de "negro(a) autêntico(a)", ao qual eu não correspondia. Algumas pessoas tinham ideias muito claras do que isso implicava e me davam instruções do que pensar, do que falar, de como me vestir, como dançar, com quem namorar e o que escrever. Era uma tentativa reducionista e ridícula de essencializar o conceito de negritude. Mais de 1 bilhão de pessoas negras no mundo e todas deveriam ser fãs de reggae — sério? Era um estereótipo racial no interior da raça, embora os defensores da ideologia "Como ser negro" pensassem que estavam fazendo o oposto. Fui reprovada no teste na primeira fase porque falava o inglês correto em vez do patoá que fluía da boca dos britânico-caribenhos de segunda geração. O fato de eu não ser caribenha era um pequeno detalhe para alguns dos meus críticos.

A realidade é que não existe uma única cultura ou comunidade negra. Não somos homogêneos e não podemos ser reduzidos a um punhado de lugares-comuns simplistas.

A acusação de ser branca demais era o pior insulto imaginável no meu novo mundo, indicava uma incapacidade de estar à altura da autenticidade negra estabelecida. Nesse caso, eu de fato a "merecia", tanto de uma perspectiva racial quanto cultural. Nos primeiros tempos, depois que "me assumi negra", houve momentos em que tive vergonha de ser birracial e vezes em que tive que defender isso.

A realidade é que uma mulher de pele mais clara de classe média nem de longe vai ser tratada na Grã-Bretanha da mesma forma que uma mulher negra de pele mais escura e da classe operária, que por sua vez não vai ser tratada da mesma forma que um homem negro de qualquer classe, profissão ou caráter que esteja cuidando da própria vida, que corre um risco muito maior de, por exemplo, sofrer perseguição policial pelo crime de "andar ou dirigir ou respirar sendo negro".

O colorismo, ou *shadismo*, já que é chamado de forma variada, é histórico e onipresente, desde a hierarquia dos escravos nas plantações ao racismo internalizado das populações negras de hoje.

Quando visitei o Egito pela primeira vez, nos anos 1980, fiquei chocada ao ver que a maioria das modelos retratadas em anúncios em outdoors eram loiras, em um país onde era difícil encontrar uma loira. Na Nigéria, testemunhei pela primeira vez o fenômeno dos cremes de clareamento de pele e os danos permanentes que eles causam na epiderme, uma evidência do modo como o colorismo afeta a autoestima e leva à autoaversão se você não se encaixa no "ideal" de pele clara. Há muito tempo, namorei um nigeriano de pele muito escura que me disse que só namorava mulheres multirraciais e que minha pele era a mais escura que ele ia topar. Disse isso como se eu devesse ser grata pelo elogio. Como "irmã consciente", não gostei do colorismo questionável, e percebi que não era para mim. Olhando para trás, tenho que aceitar que pelo menos ele estava sendo honesto. O censo britânico de 2011 revelou que 40% dos homens negros escolhem parceiras brancas, deixando de lado até mesmo as de pele mais clara que incorporaram a beleza e os atrativos negros no jogo do colorismo. Não surpreende que isso tenha criado ressentimento e divisões.

Crescer na Inglaterra com uma mãe inglesa branca sem dúvida trouxe vantagens. Embora não tenha sido capaz de nos ajudar a explorar a herança nigeriana, ela transmitiu os costumes e os códigos sociais ingleses com a perspectiva e o entendimento de uma nativa. Aquilo, por sua vez, me preparou para transitar pela cultura britânica com mais facilidade. Era bem diferente do meu pai, que viveu no país adotivo como um imigrante, um estranho. Ele falava mal o inglês e com sotaque nigeriano, o que só percebi quando gravei em fita uma entrevista com ele e a reproduzi. Eu estava na casa dos trinta anos. Que estranho nunca ter percebido aquilo antes; a voz dele era tão familiar que, apesar de ter ouvido o que ele disse a minha vida inteira, nunca havia registrado de fato sua dicção.

O inglês era a segunda língua do meu pai, depois do iorubá, e minha mãe o ajudava com a escrita de cartas e formulários oficiais. Ela era leitora de livros, ele só lia jornais. Ele era um contestador na esfera pública, ela era uma pensadora mais profunda fora dela. Ele passava sermões nos filhos em vez de falar com a gente, enquanto ela contava histórias da própria infância.

Quando minha mãe ficou noiva do meu pai, o lado dela da família juntou forças para evitar o que viam como uma união abominável — a ruína da minha mãe e uma mancha no nome da família. Casamentos inter-raciais eram raros naquela época e, na escala dos tabus sociais, ocupavam a posição mais alta.

Meus pais eram irrefreáveis no amor deles e na determinação de passarem o resto da vida juntos. Fizeram uma pequena festa de casamento com a presença dos amigos nigerianos e ingleses, com minha avó como a única representante do lado dela da família — parecendo decididamente hostil na foto do casamento, enquanto todos à sua volta comemoravam com sorrisos.

Essa foi considerada a pior coisa que aconteceu à família da minha mãe, e Nana e meu pai nunca superaram a animosidade causada pela antipatia dela por ele. A avó metade alemã da minha mãe nunca mais falou com ela, e sua tia mais querida, que tinha sido uma mãe substituta durante a Segunda Guerra Mundial, quando ela foi evacuada para a zona rural, também rompeu com ela na mesma hora, como fizeram vários outros parentes. O que (não) é engraçado é que essa tia em particular se casou com um exilado judeu que havia deixado a Alemanha quando os nazistas chegaram ao poder em 1933. Com a eclosão da Segunda Guerra Mundial, ele foi detido no Canadá como inimigo alemão e só foi libertado depois de uma petição bem-sucedida. Ele era médico, então, tudo somado, nessa família ambiciosa em que uma geração foi poupada da penúria da classe operária, os prós superaram os contras.

Foi uma das primeiras lições que tive quando criança: testemunhar como as pessoas que são vítimas de opressão podem se transformar em opressoras. Vi essa tia-avó só uma vez, no funeral da minha avó em 1986. Ela veio e disse olá para cada um dos jovens parentes de pele marrom, um depois do outro, tão graciosa e sorridente na sua magnanimidade. Duvido que soubesse a intensidade com que sua traição atingiu minha mãe. Ela provavelmente se convenceu de que na verdade foi minha mãe que *a* traiu ao se casar com um homem negro.

Fiquei amiga do marido alemão depois que minha tia-avó morreu quando estava nos seus oitenta anos. Ele a culpou pelo racismo, mesmo que tenha sido ele que passou um sermão na minha mãe sobre os perigos de gerar vira-latas inferiores se ela se casasse com meu pai. (Ele deveria ter sido barrado da profissão de médico por vomitar essas asneiras.) Eu tinha curiosidade em relação a esse homem que participou da minha narrativa familiar de forma tão poderosa, mas que era completamente desconhecido para nós. Não acreditei na versão dele dos fatos, e no entanto, mais de meio século depois de ter rechaçado minha mãe, ele tinha evoluído com o tempo, e até teve uma namorada marroquina por um período. Foi mais uma lição para mim, a de que as pessoas podem mudar, e podemos perdoá-las pelas injustiças que cometeram no passado.

Nana, que veio de uma família grande de sete irmãos, também não aprovava que minha mãe tivesse tantos filhos, porque sabia que isso ia significar provação e luta. Ela ajudava o máximo que podia: fazendo roupas para nós, fazendo mantas multicoloridas de crochê para cada neto (ainda tenho a minha) e reservando os cupons de descontos para comprar nossos sapatos escolares.

É revelador que, embora fôssemos os únicos netos da Nana, nossas fotos nunca estivessem expostas na casa dela junto com outras fotos de família, exceto pela primogênita, minha irmã, que estava lá como uma bebezinha muito nova e muito bonita que, para alívio da minha avó, não era tão escura quanto meu pai.

Quando um dos meus irmãos se casou com uma mulher branca, uma foto dos dois também chegou ao parapeito da janela. Então eram dois netos, de oito, em evidência na casa.

No entanto, Nana foi uma avó adorável para nós, apesar de mancharmos a linhagem dela. Ela reprimiu a intolerância para que seu eu mais elevado pudesse vir à tona, mas o sentimento ainda estava lá, espreitando das profundezas do eu menos elevado. Ela tinha problemas com o nosso cabelo, e quando eu lhe disse, aos vinte e poucos anos, que queria visitar a Nigéria, ela perguntou por qual motivo, porque eu voltaria "parecendo uma negrinha".

Ela tinha sido obsessiva com a visão do futuro da única filha. Tinha dado à luz minha mãe, criado minha mãe, sustentado minha mãe, era basicamente a dona da minha mãe, e portanto minha mãe lhe devia obediência total. Infelizmente para ela, minha mãe demonstrou ter uma ambição própria — não ia deixar ninguém a impedir de se casar com o homem que amava. Foi o equivalente a lançar uma granada de rebeldia que arrebentou os sonhos da minha avó.

Minha mãe nunca passou por dificuldades reais, mas minha avó sim. Nana deixou a escola aos treze anos para ajudar no sustento da família numerosa que vivia em alojamentos alugados e superlotados em Islington. Seu primeiro emprego foi numa fábrica precária, costurando vestidos de veludo para mulheres ricas. Trabalhadora incansável, ela foi noiva do meu avô durante os sete anos que eles levaram para comprar uma casa própria em 1932 por trezentas libras, quando as hipotecas ficaram disponíveis e acessíveis para as classes operárias. Costureira de profissão, hoje ela seria elevada ao título de "estilista", porque era isso que ela era. Trabalhando em casa, desenhava roupas para mulheres, inclusive vestidos de noiva, confeccionando-os sem um molde.

Com menos de um metro e meio de altura, Nana era delicada, bonita e teve uma cintura fina até os oitenta anos. Era econômica, não excedia seus recursos e poupava. Fazia refeições modestas, sem lanches entre elas, exceto por biscoitos ocasionais ou balinhas. Abstêmia a vida inteira, em sua despensa uma garrafa de xerez durava vários anos, porque ela entornava só um golinho no Natal. Sempre estava muito elegante, com o cabelo arrumado e pó de arroz, e usando os vestidos que ela mesma fazia, nunca calças. Fora de casa, ela usava chapéus de cores vivas, luvas e sapatos chiques, não muito diferente do estilo da rainha Elizabeth II, que provavelmente era sua inspiração.

Uma de suas irmãs trabalhou como supervisora em uma fábrica a vida inteira, nunca se casou, mas teve casinhos. Bastante ousado para a época. Outra irmã, dez anos mais nova que minha avó, estudou para ser professora de escola primária, uma profissão que foi obrigada a abandonar devido à "barreira matrimonial", que proibia mulheres casadas de lecionar porque o desemprego masculino era alto.

A vida familiar da minha mãe como filha única foi uma vida de classe operária educada, convencional e ambiciosa — o maior crime era ser considerado "medíocre". Toda a vizinhança de Abbey Wood, um dos "novos distritos" de Londres recuperados do campo, estava cheia de pessoas que provavelmente se sentiam impostoras, que escaparam dos bairros pobres cheios de fuligem da cidade para construir uma nova vida para si mesmas, pela primeira vez como titulares de hipotecas, nos novos conjuntos habitacionais de subúrbios mais verdes.

Gosto de pensar que minha avó era feminista, sem saber na verdade o que o feminismo significava. Ela queria que minha mãe tivesse sucesso no mundo profissional e não enxergava o gênero como uma barreira para o êxito. Seu universo era o interior da casa, e ela era a matriarca que o comandava.

Ambiciosa pela minha mãe, pensando à frente, astuta, ela fez lindas cortinas de presente para a escola secundária do convento local, porque queria que minha mãe estudasse lá e, no caso de ela ser reprovada no exame de admissão, esperava que eles a aceitassem de qualquer maneira, deixando-a pular um semestre. O suborno funcionou, embora minha mãe de fato tivesse passado no exame de admissão, e as freiras a deixaram entrar antes do previsto. Uma geração depois, minha mãe fez algo semelhante, usando os contatos dela como docente, a fim de me colocar em outra escola secundária quando minha primeira escolha me reprovou na temida entrevista, em que o racismo, posso imaginar, levou a vantagem, porque eu havia passado no exame de admissão e estava qualificada para frequentar as aulas. Não havia estudantes negros na primeira escola, assim como não havia nenhum naquela em que fui colocada. O que quer que as pessoas pensem da natureza seletiva das escolas secundárias, essa dose de privilégio garantiu que eu passasse sete anos dentro das paredes de tijolo vermelho de um desses estabelecimentos.

Do lado paterno da minha mãe, as raízes eram profundas na minha cidade natal de Woolwich, com muitos antepassados que viveram a uma curta distância de onde cresci. Vários ancestrais faziam trabalhados pesados. A tataravó, Jane, nascida em Sussex em 1838, que sem dúvida tomou parte na imigração do campo para a cidade no século XIX, casou-se com um trabalhador braçal, William Brinkworth, que trabalhava na Woolwich Arsenal. Ela deu à luz oito filhos, dos quais apenas dois sobreviveram por mais de dois anos. Isso não era incomum. Com o salário de um trabalhador, haveria falta de nutrição, higiene e água corrente, e pouco acesso a tratamento médico.

Christopher Heinrich Louis Wilkening, conhecido como Louis, o tataravô, migrou da Alemanha para Woolwich na década de 1860, onde se casou com uma inglesa, teve nove filhos e abriu duas padarias nas docas. O sentimento antigermânico na Grã-Bretanha começou cerca de dez anos após sua chegada e continuou ao longo da Primeira Guerra Mundial e depois dela. As pessoas que tinham um nome que parecia germânico eram perseguidas a tal ponto que o rei George v anglicizou o sobrenome alemão da sua família, de Saxe-Coburg-Gotha para Windsor. Louis, que tinha sido naturalizado britânico mais de cinquenta anos antes da guerra, teve as janelas da padaria quebradas durante o conflito, assim como as nossas foram quebradas cinquenta anos depois — essencialmente pelo mesmo motivo.

O pai da minha mãe, Leslie, estava na escola secundária quando a padaria do avô foi atacada. Ele teria testemunhado a perseguição que o avô sofreu, e, em seu favor, só ele não se opôs ao casamento da filha com um homem africano. Disse ao meu pai, "Não me interessa de onde você é, apenas tome conta da minha filha". Infelizmente ele morreu antes de os netos nascerem.

A mãe de Nana, Mary-Jane, nascida em 1880, chegou a Londres vinda da Irlanda aos doze anos de idade com os pais, Emma e Henry Robbins. Emma era irlandesa e trabalhava no quartel do Exército britânico em Birr, Condado de Offaly, onde Henry, um soldado inglês, estava lotado. Católico ou não, foi um casamento misto, inglês-irlandês, e muito provavelmente sujeito à condenação pública por parte da comunidade irlandesa, que teria conferido a ela o rótulo de traidora. Já na Grã-Bretanha, a discriminação anti-irlandesa tinha séculos de tradição e era implacável, uma intolerância que persistiu até os anos 1950 e 1960. Os irlandeses eram caracterizados como selvagens, primatas, uma raça à parte; eles foram ridicularizados na mídia, caricaturados em desenhos animados e sofreram todas as infâmias lançadas contra eles pelos britânicos.

Emma e a filha, Mary-Jane, devem ter sentido o peso disso quando chegaram a Londres com Henry em 1892. Na época em que a Nana nasceu, Mary-Jane provavelmente passava por inglesa. A assimilação é bem mais fácil se você se mistura ao esquema de cores da maioria da população, e se você perde seu sotaque e adere aos valores culturais do país adotivo. A certa altura, Mary-Jane foi empregada como separadora nos correios. Minha mãe, agora com 87 anos, se lembra de visitá-la quando era criança — uma memória viva que a conecta hoje a alguém que nasceu no século XIX.

O pai de Nana, Sebastian Burt, era um soprador de vidro (fazia termômetros), que morreu aos 33 anos de causas relacionadas à profissão. Soprar vidro é perigoso ainda hoje, que dirá há mais de cem anos. Ele nasceu em 1877 no bairro de St. Giles no distrito de Covent Garden, uma das áreas de cortiços mais perigosas e conhecidas do país, hoje uma das áreas comerciais mais populares de Londres.

A própria Nana nasceu alguns anos depois da era vitoriana, quando pessoas da classe operária, que constituíam 80% da população, eram pobres e não possuíam propriedades. O prognóstico para qualquer pessoa que nascesse na classe operária naquela época era suportar um padrão de vida baixo e condições insalubres, pouca instrução e mobilidade social, e uma provável morte prematura. Nana foi impelida pela própria ascensão social e não estava nem um pouco interessada na busca intelectual de um ideal utópico sem classes. Eleitora conservadora, ela vivia o sonho suburbano, embora, de forma irônica, aquilo tenha sido viabilizado pelos ideais socialistas que ela havia rejeitado. Penso nas pessoas não brancas bem-sucedidas da Grã-Bretanha de hoje que condenam os esforços e campanhas antirracistas, mas não reconhecem que são as beneficiárias dos esforços de gerações de pessoas que lutaram pelo direito ao sucesso.

Imagino que Mary-Jane, minha bisavó, tenha transmitido o gene do autoaperfeiçoamento para sua filha. Certamente, pelas fotografias existentes, Mary-Jane vestia-se muito bem, era autoconfiante, radiante. Parecia alguém que queria chegar a algum lugar. Por sua vez, Nana queria que minha mãe levasse uma vida mais próspera do que a que ela mesma teve. Minha mãe, por sua vez, transmitiu para mim valores que me permitiram levar uma vida criativa.

Na Grã-Bretanha nos inculcam, desde o nascimento e de forma subliminar, as nuances das sutis gradações de classe deste país, e eu estava visivelmente me esforçando, desde muito jovem, para passar da classe operária para a classe média. Já havia percebido que era melhor ser desta última, sobretudo como pessoa negra. As pessoas podiam fazer suposições negativas a respeito de quem eu era com base na cor da minha pele, mas, assim que abria a boca, recebiam uma mensagem diferente, uma que operava a meu favor. Nana entendeu que, quaisquer que fossem os sons das vogais da classe operária pronunciados em sua casa da infância em Islington, no início do século XX, era melhor perdê-los. Nós duas trabalhamos em um sistema injusto e discriminatório a fim de "prosperar".

Refinar a pronúncia continua sendo uma das opções disponíveis para pessoas que querem parecer, na nossa sociedade ainda estratificada por classes, pertencentes a escalões sociais superiores aos das próprias origens. Relaxar a pronúncia é prerrogativa daqueles que, por uma série de razões, desejam parecer menos privilegiados. Passou a ser uma espécie de modismo nos anos 1990.

Em sintonia com a gentileza delas, minha mãe e Nana sempre falaram "bem", algo que nós, crianças, herdamos. Dei um passo adiante, e aos catorze anos passei a cultivar a pronúncia-padrão do inglês britânico, conhecida como *received pronunciation*. Aconteceu quando eu estava trabalhando como lanterninha vendendo programas impressos em um teatro em Woolwich, ao lado de um garoto de classe média da minha idade que perguntava de forma educada ao público que entrava no local, "Você gostaria de um programa?". Eu, por outro lado, perguntava de forma bastante brusca, "Você quer um programa?". Foi um estalo. Ouvi a diferença pela primeira vez.

A família da minha avó era composta de pessoas que desejavam melhorar a própria posição na hierarquia de classes. Queriam melhorias para si dentro do sistema, e não demolir as paredes dele. Minha mãe era diferente, já que se uniu a meu pai na tentativa de mudar um sistema discriminatório e desigual pelo qual ela poderia ter sido privilegiada se tivesse se casado com um profissional de classe média e branco, como era esperado.

Sei de onde meu pai, como homem nigeriano, tirou seu espírito guerreiro, porque os nigerianos são lutadores poderosos, mas não sei a origem da generosidade dele em relação à própria comunidade. Ele podia ter mantido a cabeça baixa e focado apenas em si mesmo e na família, mas não fez isso. Talvez tenha havido algo em sua própria criação que o fez tomar esse caminho, assim como minha própria criação me preparou para o caminho da minha carreira criativa.

Dois

tƿeġen (inglês antigo)
two (inglês)
eji (iorubá)
a dó (irlandês)
zwei (alemão)

casas, apartamentos, quartos, lares

Quando criança, eu desaprovava a desaprovação da Nana em relação à união dos nossos pais, e, no entanto, ela foi profética em um sentido. Minha mãe, filha única, estava empenhada em ter uma família grande e acabou criando oito filhos com pouquíssimo dinheiro. Não só éramos uma família inter-racial numa área praticamente toda branca, como nossa casa vitoriana era a maior e a menos convencional da rua, e por isso nos destacávamos em dois aspectos. Quando criança, eu teria adorado morar numa casinha aconchegante com dois quartos no térreo e dois quartos no andar de cima, como a própria casa geminada da minha avó. Com carpete e papel de parede, acolhedora, era esse o ideal suburbano. Na verdade, eu passei o primeiro ano da minha vida numa casa assim em Eltham, até que a família cresceu e meus pais compraram uma casa isolada em Woolwich, em 1960, pela quantia principesca de 1,9 mil libras. Construída em quatro andares, com janelas enormes, uma ampla escadaria central (com um longo corrimão que suportava oito crianças usando-o como escorregador e se lançando da extremidade), doze quartos, uma sacada e três entradas, ela ainda assim estava deteriorada e se tornou um projeto em andamento que nunca foi concluído.

Os corredores tinham sido despojados do papel de parede em algum momento e precisavam de pintura, mas, com mais de seis metros de altura em alguns lugares, aquilo simplesmente não era viável ou econômico, e infelizmente a moda das paredes descascadas estava a décadas de distância, assim como a tendência das tábuas não polidas, que tínhamos nos corredores e nas escadarias, para não falar do piso e das paredes de concreto da cozinha, agora um elemento de design em pontos de encontro urbanos e descolados. Pensando bem, no fundo meus pais foram pioneiros do design de interiores.

A cozinha ficava no porão, situado no mesmo nível do jardim e perto do depósito de carvão em desuso, onde eram armazenados os muitos litros de leite entregues todos os dias pelo leiteiro da carroça puxada por cavalos e onde os bolos de aniversário ficavam estocados, até que meus pais tivessem condições de comprar uma boa geladeira. Do lado oposto ficava o cômodo designado como banheiro. Em algum ponto nos anos 1960, meu pai comprou uma banheira com a clara intenção de instalá-la, mas, daquele dia até a venda da casa nos anos 1990, ela permaneceu encostada na parede do banheiro. O motivo da resistência dele a colocá-la em uso sempre nos deixou intrigados, ainda mais com uma família tão grande. Chuveiros não eram comuns em residências naquela época, mas tínhamos várias pias em diferentes cômodos da casa e as usávamos como alternativa, o que na verdade era muito mais higiênico do que chafurdar na sua própria imundície em um banho. Que falta de civilidade!

Com o tempo, concluí que meu pai só estava seguindo o costume dos banhos da infância dele. Como não havia água encanada na maior parte das residências em Lagos nos primeiros anos do século XX, as pessoas enchiam baldes na bomba d'água no final da rua e voltavam para casa para se lavar. Tínhamos dois banheiros, um externo que não funcionava, o que não fazia diferença porque nós crianças não o teríamos usado, e um interno que funcionava. Esperar na fila foi uma parte importante da minha infância, e é provável que seja a razão pela qual, adulta, tenha me tornado uma fura-filas inveterada. Até hoje as pessoas falam da minha capacidade de fazer xixi em alta velocidade. Entro e saio em um minuto.

Meu pai tinha receio de contratar operários e empreiteiros para fazer os reparos na casa, apesar dos pedidos da minha mãe, preferindo aprender sozinho como executar uma tarefa. Nossa casa dava para um beco estreito e tinha uma cerca que protegia nossa privacidade. Num domingo de manhã, meus pais acordaram e encontraram alguns garotos desmantelando a cerca. Eles explicaram calmamente que era para fazer lenha para a Noite da Fogueira. Meu pai os agarrou e chamou a polícia, que fez os pais deles recolocarem a cerca naquele mesmo dia. Por conta disso, meu pai decidiu construir uma delimitação permanente, um muro, embora não fosse pedreiro. Ficou tão malfeito que desmoronou rapidinho, para nunca mais ser reconstruído. Ele também construiu uma garagem ao lado da casa, mas se esqueceu de fazer o telhado. Em 1975, ele removeu com um maçarico a tinta verde da porta da frente, que era enorme e ornamentada com janelas em arco. Quando vendeu a casa vinte anos depois, ele ainda não tinha arranjado tempo de pintá-la. Então por que tirar a tinta, para começo de conversa? Em dado momento, meu pai caiu através das vigas nuas do sótão no piso logo abaixo. A ferida em forma de pai no teto do patamar se tornou um "elemento de design" permanente.

Ele também tinha uma mentalidade retalhar-e-queimar. Herdamos dois pianos antigos com a casa, daquele tipo especial que tinha castiçais de bronze presos a ele. Quando nós, crianças, cansamos de tocar "Frère Jacques" neles com um dedo, meu pai decidiu cortá-los e queimá-los no jardim. Além disso, havia as árvores, um verdadeiro pomar: duas macieiras, duas cerejeiras e duas pereiras, bem como sicômoros e carvalhos, que ele derrubou e queimou da mesma forma quando ficamos velhos demais para brincar no jardim. Todo verão nós, os filhos, éramos mandados para o jardim selvagem cortar a grama da altura de uma criança. Usávamos facões para o trabalho, o que hoje seria ilegal. Detestávamos fazer aquilo e, depois que a série dramática de televisão *Roots* transmitiu a realidade da escravidão norte-americana para os lares ao redor do mundo, resmungávamos que estávamos sendo tratados como os escravos das plantações.

Era evidente que o nosso pai pretendia fazer algo com a terra. Nunca descobrimos o quê.

Para Nana, o lar conjugal da única filha a fazia lembrar o que ela achava que tinha deixado para trás. Mas minha mãe estava vivendo a vida que tinha escolhido para si mesma. A dura lição que a Nana teve que aprender foi que, embora você possa tentar planejar a vida adulta dos filhos desde o dia em que nascem, eles têm e devem ter vida própria, de cujo controle você terá de abrir mão. Se continuar a microgerenciar a vida da prole na idade adulta, você a estará infantilizando e provavelmente criando conflitos desnecessários.

Nos primeiros anos da adolescência, eu costumava visitar um amigo do teatro juvenil que morava em uma bela casa em Blackheath com uma entrada, uma grande faixa verde de gramado, não um, mas dois banheiros para cinco pessoas, móveis caros, antiguidades, piso de taco brilhante e um carro reluzente estacionado na frente. Outros amigos do teatro juvenil tinham diferentes versões desse tipo de estilo de vida, com pais que eram profissionais de classe média, como médicos e arquitetos. Eu vi como a outra metade vivia e, rapaz, isso deixou minha própria casa claramente em evidência.

Pensando bem, tínhamos um carro: um Vauxhall Victor de segunda mão que meu pai comprou nos anos 1960. Ele não deixou que a falta de revisão obrigatória do veículo, de aulas de direção, ou de carteira de motorista o impedissem de dirigi-lo por um tempo, antes de estacioná-lo para sempre do lado de fora da garagem inoperante, onde enferrujou e se desfez até encontrar seu fim no ferro-velho.

Nos anos 1960, meus pais aceitavam inquilinos, embora eu me lembre pouco deles. Um homem foi despejado depois que se envolveu em uma briga com meu pai. Outra foi convidada a se retirar porque sedava o bebê com uísque para ir beber com os soldados lotados em Woolwich, uma cidade militar. Em seguida houve a família de quinze pessoas que viveu conosco, recém-chegados de Goa, na Índia, e que precisavam de acomodação com urgência. Meus pais foram recomendados por alguém que sabia que eles alugavam os quartos da casa, e a família apareceu no meio da noite. Minha mãe não conseguia acreditar no que via quando a procissão dos pais com treze crianças se arrastou com olhos lacrimejantes para dentro da casa. A casa deve ter gemido com o peso de tantos moradores. Os filhos mais velhos foram embora depois de um tempo, mas sete deles permaneceram conosco por dois anos, um acréscimo à nossa família de dez.

Quando criança, eu compartilhava o quarto, primeiro com vários irmãos, quando estávamos nos diversos estágios primários das sensações, da inteligência, da mobilidade e da incontinência, e depois, quando crescemos, com uma das minhas irmãs, que era mais nova que eu. Na época em que era adolescente, estava cansada de ter que compartilhar meus domínios com outra pessoa — o que só se tornava tolerável se eu implementasse uma miniditadura, como era meu direito por ser mais velha. Minha decoração, minhas regras, meu quarto. Ignorei qualquer sinal de rebelião da minha irmã. Por que não deveria ler em voz alta até tarde da noite quando ela queria dormir? Eu ia ser atriz e adorava ouvir minhas vocalizações estrondosas e teatrais das palavras de Tennyson, Shakespeare ou Dylan Thomas. Com frequência isso fazia minha irmã descer correndo em prantos os vários lances de escada para se queixar da opressão dela com nossa mãe. Opressão dela? E quanto à minha opressão, tendo que compartilhar um quarto até os dezoito anos?

A história da casa da minha infância, contudo, e em especial as tentativas desajeitadas do meu pai de melhorá-la, há muito me enchem de orgulho. Era uma casa grande, movimentada e barulhenta, que acomodava todos nós em segurança dentro de suas paredes. Fico feliz por não ter crescido em um lar ou dentro de uma família onde as normas da sociedade fossem fundamentais. Sim, meu pai era um disciplinador severo que não sabia como se relacionar com os filhos, mas também era um espírito rebelde no sentido de que não se importava com o que as outras pessoas pensavam, ao passo que minha mãe estava empenhada em ser pouco ortodoxa. Nunca fui pressionada a seguir um determinado tipo de carreira, ou a me casar com alguém que eles aprovassem, ou a agradar aos vizinhos. Nunca fui encorajada a ter filhos e a lhes dar netos como uma boa filha. Eles não teriam chegado a lugar nenhum se tivessem tentado.

Quando eu era uma adolescente com a intenção de me tornar atriz, minha mãe sugeriu que eu aprendesse a datilografar para que pudesse recorrer a um trabalho de secretária se aquilo falhasse. Você pode imaginar o que achei da sugestão. Ela estava certa, aliás, ainda que não exatamente como imaginava. Saber datilografar é sempre útil, sobretudo em um tempo em que os computadores se tornaram tão comuns. Ainda não consigo digitar direito.

Acima de tudo, sou grata por não ter sido criada numa família onde teria de satisfazer as ambições dos meus pais para si mesmos através de mim, e por ter sido encorajada a me tornar a arquiteta da minha própria vida adulta.

* * *

Aos dezoito anos, saí de casa e fui morar com meu namorado em outra casa vitoriana enorme, mas no norte de Londres. Era o que se chamava de imóvel de "curta duração". De propriedade da prefeitura, essas casas estavam destinadas à reforma ou à demolição, e no meio-tempo eram oferecidas como acomodação barata, no geral disputadas por jovens alternativos. Havia cinco de nós na casa, e eu dividia o quarto com meu namorado.

Claro, agora eu precisava me sustentar, mas estava ganhando dinheiro desde os treze anos, quando, para garantir os trocados que meus pais não podiam dar aos filhos, comecei a entregar jornais. Isso incluía carregar uma grande sacola de jornais atravessada no corpo toda manhã. Aos domingos, abarrotada de edições mais grossas, ela ficava terrivelmente pesada enquanto eu me arrastava pelas ladeiras nas subidas e descidas, pelos degraus vertiginosos das casas, pelos lances de escada das moradias sociais. E pensar que as leis trabalhistas dos anos 1970 permitiam que crianças trabalhassem em atividades que poderiam causar problemas nas costas, como foi o meu caso. Sei que não é o equivalente suburbano a mandar crianças para as minas de carvão, mas ainda assim.

De lá para cá, sempre trabalhei para me sustentar e não suporto a ideia de depender de alguém ou de ter que pedir dinheiro. Quando era estudante, procurava trabalhos de fim de semana entrando em lojinhas e lojas de departamentos e pedindo para falar com o gerente, que naquela época contratava as pessoas na hora sem currículo. Mas, embora tenha perambulado por todas as ruas do comércio local, assim como pelo West End, os únicos trabalhos que conseguia eram em serviço de bufê, ou fora da vista, em almoxarifados. Meu habitat natural, é claro. Naqueles dias, pessoas negras e asiáticas raramente eram empregadas nos espaços de vendas dos supermercados, em boutiques ou em lojas de departamentos. Não éramos legais de se ver. É fácil esquecer o quanto chegamos longe como sociedade.

Houve também minha "experiência de trabalho numa fábrica", que implicava colocar batons na embalagem em uma linha de produção. A fábrica ficava em um parque industrial em algum lugar fora de Londres, e um micro-ônibus recolhia um grupo de nós num centro de empregos e levava até lá. A linha de produção se movia tão rápido que exigia toda a minha atenção, mas o trabalho em si era estupidificante. Achei insuportável, parei de trabalhar depois de duas horas, saí da fábrica e esperei metade do dia pelo ônibus da volta no final da tarde. Não posso, de fato, apresentar minha vida como tendo sido de adversidades e infortúnios quando não consegui nem mesmo me manter no tipo de trabalho que algumas pessoas têm que fazer ao longo de toda a vida.

Encontrei um trabalho mais interessante como lanterninha de teatro no West End, o que era ótimo, porque podia assistir a um espetáculo por noite. A produção mais memorável foi *Uma noite com Quentin Crisp* — o lendário flâneur, contador de histórias e escritor gay, cuja representação espirituosa e exageradamente afeminada de si mesmo foi inesquecível.

Assim que fui morar com meu namorado, consegui um emprego em tempo integral na Unidade de Distribuição de Notícias da Bush House, sede do Serviço Mundial da BBC na rua Strand. Eu ficava muito animada quando pegava o envelope de pagamento na tesouraria, recheado de notas e moedas de libra — até o último centavo.

O emprego exigia trabalhar em turnos de doze horas, três dias sim, três dias não. Meu local de trabalho era uma sala enfumaçada administrada por matriarcas experientes que misturavam café com vodca e uísque, para quem aquele era um trabalho permanente — e por adolescentes como eu, que planejavam continuar os estudos. Todas nós nos sentávamos numa mesa comprida, conversávamos, bebíamos, líamos livros e jornais enquanto esperávamos os datilógrafos virem apressados da redação adjacente com os artigos de notícias datilografados em enormes folhas com papel carbono. Passávamos essas folhas em um mimeógrafo Gestetner e em seguida despachávamos as cópias para os vários andares e alas do edifício, através dos tubos pneumáticos ou carregadas por nós, jovens, a pé. Ainda me lembro da alegria que sentia ao subir e descer as escadas de um edifício tão vasto e grandioso, usando as alpargatas e o macacão que adorava. E amava estar cercada, pela primeira vez na vida, por pessoas, a maioria jornalistas, que eram de todas as partes do mundo — de todos os tons, culturas, religiões, cores, enquanto o restaurante para os funcionários trabalhava com culinária internacional subsidiada indisponível em qualquer outro lugar. Bush House deve ter sido o local de trabalho mais multicultural do país, talvez do mundo, além das Nações Unidas.

No final do turno, voltávamos a nos reunir no clube interno dos funcionários que ficava no porão do prédio e ficávamos bebaços, se é que já não estivéssemos.

Quando penso nisso agora, cheguei muito bem aos dezoito anos. Queria um namorado, e tinha um; precisava de uma casa, e me instalei em uma; precisava de um emprego, e encontrei um. O único problema era que o namorado e eu não estávamos de fato no estágio de começar uma vida juntos, mas ele era o atalho mais fácil para eu sair da casa da minha família, então por que me importar? Dividimos o quarto dele por pouco tempo naquela propriedade comunitária, até que o quarto ao lado ficou disponível e eu o agarrei. Enfim tinha um quarto só meu. Meu primeiro. Até aquele ponto, nunca havia dormido uma única noite sozinha em meu próprio quarto.

Ainda me lembro do prazer que tive ao decorá-lo, estendendo minha personalidade àquele espaço sem ninguém correndo escada abaixo e reclamando de mim. Forrei-o de pôsteres estilo art déco que a gente costumava encontrar nas lojas de pôsteres Athena, no West End, e comprei um saxofone que tentei aprender a tocar, mas que na verdade era mais decorativo do que funcional, realçando a aura artística do quarto. Também fiz uma "instalação" de torres de maços de cigarros Marlboro vermelho vazios empilhados em frente à velha lareira. Fumar ainda era considerado descolado naquela época, e, como uma adulta que estava no comando do meu próprio reino, agora eu tinha total liberdade para fumar até morrer.

Aquele arranjo de ser vizinha do namorado durou mais ou menos um ano, até que me desentendi com ele porque descobri que gostava de meninas e desenvolvi minha tese levando-as para o meu quarto à noite, para a consternação dele. Eu não era uma espécie de sedutora lésbica, que fique claro. Só acabava indo para a cama com pessoas, mulheres, no meu caso, algo que acontece quando se é uma jovem amante da liberdade.

O problema era que eu não havia terminado oficialmente o relacionamento com o namorado e acho que, no que lhe dizia respeito, ainda estávamos juntos. Achei que ele estava sendo irracional. Afinal ele era um homem e, como feminista recém-formada, com raiva do patriarcado, não ligava para os sentimentos dele. Então o pé na bunda, com pouco caso, se deu com o desfile das minhas amantes diante da porta ao lado, embora me recusasse a discuti-las. O pobre homem provavelmente estava enlouquecendo, assim como eu, quando vi os olhos dele espiando pela fechadura da porta que conectava nossos quartos enquanto eu estava no meio da diversão. Quando tampei o buraco da fechadura, ele removeu a fita na mesma hora. Quando escancarou a porta furioso enquanto eu estava *in media res*, percebi que era hora de me mudar.

No dia da minha partida, enquanto respingávamos gotas ácidas de virulência um no outro, ele decidiu pôr as mãos em volta do meu pescoço e apertá-lo. Quando descobriu que não tinha coragem para o assassinato a sangue-frio, tentou me ajudar a ir embora me empurrando pelas escadas íngremes de concreto que davam para a rua, junto com os sacos plásticos que continham minhas posses mundanas.

Via de regra uma pessoa tranquila, gentil e contida, ele partiu para a agressão física porque não só o rejeitei como também o provoquei com as amantes que recebia no quarto ao lado do dele. Durante muito tempo, inventei desculpas para a atitude dele, quando nunca deveríamos arranjar desculpas para o abuso doméstico. Se ele tivesse me matado ou quebrado minhas costas, não haveria dúvidas quanto ao que ele fez. O fato de eu ter me safado na boa fez com que, depois, eu aceitasse aquilo na boa. No entanto, embora o comportamento dele fosse imperdoável, o meu também tinha sido.

Nossos caminhos se cruzaram algumas vezes nos anos seguintes e estamos bem um com o outro; 1981 foi há bastante tempo.

Já tinha encontrado um quarto no outro lado da rua, administrado pela mesma associação de habitação de curta duração, onde pintei todo o cômodo, inclusive o teto, com uma deslumbrante tinta vermelha brilhante — por que não? A casa era uma versão mais desagradável das minhas acomodações anteriores. Um dos inquilinos, quando bêbado, costumava bater na namorada que o visitava, que fugia para o meu quarto e ficava trancada até que ele se acalmasse, antes de rastejar com cautela de volta para ele. Gosto de pensar que tentei convencê-la a deixar o agressor, mas não tenho certeza se consegui. Havia certo grau de aceitação e resignação em relação à violência masculina naquele tempo.

Coisas terríveis aconteciam a mulheres e garotas, de quem se esperava que suportassem a situação em silêncio. Naquela época, assim como agora. Foi só quando saí de casa que passei a conhecer mulheres que me confidenciavam terem sido abusadas sexualmente na infância por membros da família. Achava inconcebível que as pessoas com quem você vivia, que deviam proteger você, fizessem uma coisa dessas.

Quando tinha dezessete anos, conheci uma garota que tinha sofrido estupro coletivo, mas ela não conseguia expressar aquilo desse modo. Ela me disse que tinha sido levada para o campo pelo namorado, outros homens estavam lá, e ela foi coagida a fazer sexo com eles. Ela sentiu que de alguma forma havia sido conivente com o que tinha acontecido, sem saber se de fato havia sido estuprada ou não. A agressão sexual raramente era discutida naquela época, e, quando aparecia na mídia, as vítimas às vezes eram acusadas de se vestirem de forma provocante ou de estarem bêbadas. Como resultado, as mulheres muitas vezes se culpavam. Para dizer a verdade, não acho que muita coisa tenha mudado de lá para cá.

Sendo uma jovem que vivia de forma independente, minha segurança física era uma preocupação. Numa época em que o Estripador de Yorkshire estava fora de controle e assassinando mulheres no norte da Inglaterra, a ameaça de violência masculina era mais do que uma ameaça palpável assim que você saltava de um ônibus noturno, ou andava para casa sozinha por uma rua escura, ou procurava as chaves para abrir a porta da frente, olhando por cima do ombro para checar se ninguém estava atrás de você. Uma pessoa que eu conhecia tinha aberto a porta da frente tarde da noite quando um homem apareceu pela trilha atrás dela, empurrou-a para o corredor e a estuprou. Encarei essas histórias como alertas para me manter mais vigilante.

Caminho para casa sozinha no escuro desde que comecei a frequentar o teatro jovem da região aos doze anos, mas não me lembro de sentir medo na época. Acho que eu era muito ingênua.

A pior coisa que aconteceu comigo foi ver um exibicionista do outro lado da rua quando eu tinha por volta de catorze anos. Me lembro de pensar que ele parecia ridículo, mas fiquei feliz por estar em segurança dentro da casa da família, que meu pai protegia como uma fortaleza. Trinta anos depois, aconteceu comigo de novo, quando descobri uma trilha costeira maravilhosamente deserta durante as férias em Chipre. Me senti tão traída quando tive que mudar de rota e recorrer a trilhas movimentadas em vez dela.

Sou uma pessoa alta, adepta-do-tênis, com uma pisada forte, que sempre exagero quando me sinto vulnerável à noite: quando as ruas estão desertas e uma figura masculina vem na minha direção, ou um grupo delas, ou ouço alguém atrás de mim. Vou alterar minha linguagem corporal para me fazer parecer fisicamente poderosa. Vou até mesmo me virar de forma brusca e fechar a cara. Às vezes o homem atrás de mim gentilmente atravessa a rua. Talvez tenha medo de mim. Quando tinha vinte e poucos anos, o fato de que parecia andrógina ajudou. O pai de uma amiga disse certa vez que ficaria com medo se me visse caminhando em sua direção à noite. Não foi um elogio. Não tomei como um. Na verdade, às vezes eu mesma me assusto quando vejo meu rosto ao passar por uma vitrine. Rapaz, pareço mesmo feroz. Lembro de sorrir para um bebê no avião uma vez, só para o pai dele me dizer que eu o estava assustando. Obrigada.

Em todos os anos em que morei sozinha, sempre estive hiperalerta para os ruídos no resto do prédio ou do lado de fora, nas ruas. A liberdade de viver sozinha e em segurança deveria ser garantida a uma mulher, mas não é. Ainda assim, morar sozinha por muitos anos se mostrou como algo inestimável para o desenvolvimento da minha escrita; pude desfrutar da liberdade de escrever no meu próprio ritmo a qualquer hora do dia ou da noite.

Quando fui morar com meu marido, fiquei surpresa que a segurança não fosse algo em que ele pensava. Em sua casa anterior, ele costumava deixar a porta dos fundos destrancada, o que era chocante em Londres, onde nunca estamos a mais de dez metros de distância de um ladrão. Eu o incentivei a se preocupar mais com a segurança, nem que fosse só por mim. Homens e mulheres vivem no mesmo mundo, mas nós o vivenciamos de forma tão diferente.

Longe do estrangulador, meu quarto vermelho-sangue parecia um santuário. Eu não prestava contas a ninguém, o que adorava. Tinha crescido em uma casa onde outras pessoas estavam sempre presentes: passando umas pelas outras nas escadas, dentro dos cômodos quando você entrava neles, batendo portas, tocando música em algum lugar, monopolizando o banheiro. Embora não estivesse de fato morando sozinha, porque ainda era uma casa comunitária, era como se estivesse. Experimentei a solidão pela primeira vez na vida, não que sentisse falta da minha casa de infância. Independência combinava comigo. Sem dúvida eu não sentia falta do jeito como meus quatro irmãos, esparramados na sala de estar em uma tarde de sábado, peidavam estrategicamente com muita insistência quando eu queria assistir a um filme antigo de Hollywood e eles queriam assistir ao futebol. O ar ficava tão fétido, você precisava de uma máscara de gás para sobreviver. Eles sempre venciam.

Em 1979, comecei a escola de teatro, mas meus velhos amigos e meus novos amigos da escola de teatro moravam bem longe. Eu mal conseguia pagar as contas e tinha pouco dinheiro para passear, mesmo por Londres. Esqueça os telefones celulares, as mensagens de texto ou os posts sobre a vida nas redes sociais: se quisesse falar com alguém, eu tinha que ir a um telefone público, que podia ficar a algumas ruas de distância.

Incapaz de manter meu emprego em tempo integral na BBC,

porque agora era estudante em tempo integral, eu completava minha mísera bolsa da Autoridade de Educação Local Interna trabalhando em uma lanchonete nos fins de semana e nos feriados. Em casa, minha dieta básica de estudante consistia em ensopados de feijão e legumes decorados com queijo ralado, nos quais afogava pedaços de pão integral. Os ensopados duravam até começarem a fermentar e a borbulhar com gases venenosos em uma panela grande no fogão. Apesar de eles não explodirem, os ensopados de feijão sem dúvida provocavam esse efeito em mim.

Leitora ávida desde a infância, foi aqui na solidão do meu quarto que comecei a escrever poemas, descobrindo a relação entre o que estava sentindo e o poder das palavras de articular aquilo através da poesia. Tinha publicado alguns poemas na revista da escola uns cinco anos antes, um dos quais falava das sufragistas, me orgulho em dizer, então devo ter tido inclinações feministas desde cedo. Mas foi durante esse período que encontrei conforto na leitura de poesia e expressão própria ao escrevê-la. Nunca mostrei esses primeiros poemas a ninguém porque não estava escrevendo para ninguém além de mim, e a ideia de compartilhar minhas reflexões íntimas com outras pessoas me horrorizava. Eu não era alguém que escancarava as próprias emoções com facilidade, e meus poemas eram pessoais, privados.

Por quase três anos viajei de metrô e trem todos os dias da semana durante o período letivo para chegar à Rose Bruford College of Speech and Drama (agora chamada de Rose Bruford College of Theatre and Performance) em Sidcup, na divisa Londres/Kent. Era uma viagem de duas horas, mas me recusava a me mudar para mais perto da faculdade porque estava decidida a não voltar para o subúrbio, tendo escapado dele havia tão pouco tempo. No entanto, um mês depois de ter saído, achei que era uma ótima ideia me mudar para New Cross, uma viagem de trem de apenas vinte minutos de distância da faculdade, para dividir um lugar com uma colega. A casa pertencia a um homem mais velho que vivia fora de Londres e que deixou clara a condição de manter um quarto para seu uso ocasional. Ele costumava voltar sem avisar sempre que tinha vontade. Ai de nós, jovens donzelas, se estivéssemos vagando seminuas. Quando ele começou a arrastar a asa para cima da minha amiga, que não estava nem um pouco interessada, o clima da casa ficou desconfortável. Ambas concordamos que estava longe de ser o comportamento de um senhorio responsável.

Quando me cansei das idas e vindas assustadoras dele, me mudei para uma série de apartamentos residenciais de curta duração no norte de Londres. Nesse estágio, eu estava codirigindo o Teatro de Mulheres Negras, além de atuar e escrever para ele. Entre subsídios de produção dos financiadores das artes, eu estava no seguro-desemprego, reivindicando meus centavos do Estado. Naquela época, você tinha que aparecer no Escritório de Benefícios de Desemprego toda semana para "se registrar" e, portanto, provar a sua disponibilidade para o trabalho, embora a última coisa que você queria era receber uma oferta de algum emprego horrível vinda do escritório de desemprego.

Nunca levei em consideração a ideia de não trabalhar no teatro, apesar da minha renda errática; era a minha paixão e eu tinha que realizá-la. A ideia de ficar presa a uma dívida hipotecária me assustava. Imaginava que teria que aceitar um emprego das nove às cinco para poder pagá-la, fazendo algo que odiava. Antevia, sendo bastante melodramática, minhas emoções entorpecidas pela rotina, minha imaginação assassinada, meu espírito livre aprisionado, meus sonhos irrealizados. Refleti que preferia ser pobre, o que é ótimo, porque eu era.

E assim estava em movimento, um cenário a cada ano, de fato pulando de casa em casa, por vontade própria ou por necessidade. A certa altura, chegava a ficar inquieta se não me mudasse com frequência. Gostava da aventura de viver em casas diferentes. Talvez, se tivesse herdado um lindo apartamento em Notting Hill, como o que uma amiga herdou de presente de formatura, eu tivesse me fixado. Mas então eu poderia não ter me tornado escritora, ou o tipo de escritora que me tornei, ou talvez não fosse muito motivada ou produtiva. Nunca estava escrevendo em uma situação de segurança financeira ou de autocomplacência emocional, ou em um domicílio estável. Quando você se muda muitas vezes, tem que ser mentalmente ágil e se adaptar depressa a novos ambientes. Mudar de casa o tanto que me mudei me forçou a dar meus pulos, o que concluí que não foi algo ruim para a minha criatividade.

Em Islington, me mudei para antigas propriedades miseráveis, prontas para demolição — apartamentos ou quartos. Contratamos vans para a companhia de teatro, as mesmas que usávamos para fazer as mudanças para as minhas muitas casas, embora eu tivesse pouca mobília digna de nota. Eu me mudava para uma nova casa temporária encardida na sexta e pintava tudo até segunda-feira. Um futon servia como sofá e como cama. Caixas para roupas. Pranchas de madeira e tijolos se transformavam em estantes de livros. Alguns pôsteres na parede e uma velha mesa de cavalete, comprada em uma loja de usados, servia como escrivaninha, desmontável o suficiente para poder ser movida com facilidade. Eu me orgulhava de ser capaz de empacotar o restante dos meus pertences escassos — roupas, livros, roupa de cama, utensílios de cozinha — em alguns sacos pretos de lixo.

Infelizmente eu não podia escolher os outros ocupantes de algumas dessas casas: estranhos, a maioria homens, alguns agressivos, intimidantes, intrusivos.

Tive que dividir uma casa com um homem que tocava música alta à noite e se recusava a abaixá-la. O assoalho e minha caixa torácica vibravam enquanto tentava dormir ao mesmo tempo que planejava a morte dele na extremidade de uma guilhotina. Ele tinha os dois quartos abaixo do meu e deu um jeito de conseguir o sótão acima. As pessoas se safavam de todo tipo de coisa naquela época. Às vezes ele tocava música alta em todos os quartos ao mesmo tempo. Concluí que estava tentando se livrar de mim para que pudesse ocupar os dois últimos andares da casa — seu próprio domínio privado. No dia em que me mudei, meus amigos e eu deixamos um presente de despedida carinhoso para ele: uma arte grafitada feita com pincel atômico preto e grosso em cada parede dos dois quartos que ocupei.

Em outra propriedade ainda, essa no primeiro andar, o homem de meia-idade que morava no apartamento abaixo do meu tinha o hábito de esbravejar bêbado no corredor compartilhado de entrada. Às vezes ele subia os degraus para o meu apartamento e batia na janela de vidro da porta, ameaçando quebrá-la. Durante o dia, quando estava sóbrio, ele era uma figura desolada, mas à noite era um pesadelo, e eu morria de medo de ele entrar pela porta da frente, caso estivesse violento, e ficava encolhida no meu apartamento, esperando que ele não conseguisse quebrar o vidro. Amigos não queriam me visitar, caso ele estivesse patrulhando o corredor bêbado quando tentassem entrar ou sair.

Achei que estava segura quando me mudei para um apartamento de sótão, vários lances de escadas acima, só para olhar um dia para a minha janela aberta, onde adorava fitar um quadrado do céu de Londres que mudava a toda hora, para ver um adolescente aparecer na beirada de repente. Ele ficou assustado e depois indignado enquanto me encarava como se *eu* fosse a intrusa. Um vizinho, presumi, que tinha escalado o telhado até o meu apartamento com a destreza de um gato, provavelmente na esperança de roubá-lo.

Com uns trinta anos, tendo deixado meus dias no teatro para trás e com o foco na escrita, encontrei empregos de meio período pouco exigentes, em geral de dois dias por semana, porque minha prioridade era ficar livre para escrever. Naquela época estava obcecada em escrever meu livro *Lara* e era extremamente difícil deixá-lo de lado. Trabalhei em um festival de mulheres fotógrafas sem saber lhufas a respeito daquilo, mas fiz uma pesquisa para ter um bom desempenho na entrevista. O resto da equipe me tolerava, mas era óbvio que eu não sabia direito o que estava fazendo. Também trabalhei como administradora para uma pequena empresa de consultoria de gestão, embora digitasse muito mal, e para uma organização de teatro.

Na verdade, os empregos que me deixavam focar na minha escrita eram absolutamente perfeitos. Em uma dessas organizações, quando estava sozinha no escritório, eu costumava trabalhar em *Lara* quando deveria estar realizando minhas funções administrativas. Os computadores daquela época eram rudimentares, mas logo aprendi como mudar da página do manuscrito para uma página de trabalho quando o meu chefe entrava na sala. Quando ele ficava puto comigo por não ter entregado os relatórios exigidos, eu usava uma saia curta para trabalhar no dia seguinte e via a raiva dele sumir. Não era uma minissaia, ficava meros cinco centímetros acima do joelho, reveladora de um jeito sutil. Quando meu chefe entrava no escritório com a intenção de me repreender por não cumprir minhas obrigações, ele só precisava olhar para as minhas pernas para ser derrotado por elas, e para a irritação arrefecer.

Nós, mulheres, percebemos para onde os homens dirigem a atenção, mesmo que eles não saibam que captamos isso. Como boa feminista, era meu dever desmascarar a obsessão patriarcal dele por partes do corpo feminino tirando vantagem daquilo, restabelecendo assim o equilíbrio, certo?

Quando me mudei para Notting Hill em 1996, uma área que admirava desde que era uma adolescente que fazia peregrinações à rua Portobello, naquela época degradada e boêmia, para comprar incenso, capim dos pampas e macacões de patchwork, pensei que estava com a vida feita. Era, é claro, uma inquilina em um apartamento oficialmente alugado de uma mulher que havia se mudado para o exterior. No entanto, depois de seis anos, meu pequeno idílio foi arruinado quando o filho dela, criado no apartamento quando menino, voltou para o Reino Unido e decidiu que era seu direito morar lá outra vez. Ela lhe disse que eu era inquilina e que o apartamento não estava disponível, mas ele e o pai *desmiolado*, que vivia ali perto, pensavam diferente. Eles me perseguiam à noite, batendo nas janelas, gritando para eu sair. Não importava que meu aluguel ajudasse a sustentar a mãe e os irmãos mais novos em outro país, a mesma mãe que implorou a ele para parar de me assediar.

Um dia voltei para casa para encontrar uma fechadura arrombada e a visão dele fugindo por uma janela dos fundos. Liguei para a polícia e coloquei algumas de minhas amigas destemidas como minha equipe de segurança. De jeito nenhum ele ia me forçar a sair da minha casa. Eu fiquei e tudo se acalmou, mas não por muito tempo. A segunda invasão foi bem mais ousada. No período de duas semanas em que fiquei ausente em uma turnê de escritores, ele se mudou com sua mobília para a minha sala de estar e amontoou todas as minhas coisas nos dois cômodos de trás. Ele mesmo não estava em lugar nenhum. Minha turma ficou comigo enquanto eu arranjava outro lugar para morar, eu não era páreo para a persistência ferrenha dele. Ele tinha vencido. Eu tinha 42 anos; ele era um merdinha de dezenove. Como a boa cristã que não era, passei um tempo desejando tudo de bom para ele — no inferno.

Os anos que vivi com a Dominatrix Mental aos vinte e poucos foram livres de aborrecimentos com homens, embora, no fundo, ela tenha sido um pé no saco pior do que todos eles. (Se acalmem, vou falar dela no devido tempo.)

Meu último trabalho de escritório, desse modo, foi na Spread the Word [Espalhe a Palavra], uma agência de desenvolvimento de escritores de Londres que fundei junto com Ruth Borthwick em 1995. Mas depois de quatro anos trabalhando em um escritório planejando e gerenciando projetos de literatura, o dilema que eu enfrentava era se continuaria a me sustentar com empregos administrativos de meio período e ter uma carreira meia-boca como escritora, ou se seria implacável ao me tornar uma escritora em tempo integral. Decidi que era hora de sair e, sem economias ou rede de apoio financeira, entreguei um aviso prévio de seis meses. Foi uma jogada arriscada, mas eu sabia que tinha que fazer aquilo. Me senti corajosa, mas logo comecei a sentir dores lancinantes no peito, e fiquei tão preocupada com a possibilidade de ter um problema cardíaco que não fui ao médico, para o caso disso se confirmar.

Botei fé no aforismo "Se jogue e os anjos aparecerão", e eles apareceram — contratos chegaram até mim, inclusive meu primeiro adiantamento de publicação da Penguin. O "problema cardíaco" desapareceu misteriosamente, para nunca mais reaparecer. Agora na casa dos quarenta, tinha o que é chamado, de forma glamorosa, de "portfólio" — o que significa simplesmente alguém que faz malabarismos com múltiplas fontes de renda. Subsídios e prêmios em dinheiro às vezes também eram incluídos na equação. Me senti como se estivesse flutuando em liberdade, e nunca me arrependi de ter deixado minha única fonte de renda confiável, mesmo quando o dinheiro ficava apertado. Estava acostumada a não saber de onde viria minha renda no início do ano, esperando que tudo se ajeitasse. Até entrar para o corpo docente da

Universidade de Brunel, em Londres, era assim que eu vivia. De alguma forma o trabalho viria ao longo do ano, me permitindo sobreviver financeiramente.

Ainda sinto falta de morar em Notting Hill, à distância de uma caminhada do Hyde Park e repleto de ótimos bares e restaurantes. As pessoas adoravam me visitar; nunca fui tão popular. Pensava no lugar como minha pátria espiritual, porque eu era pretensiosa assim. Tive sorte de poder morar perto do centro de Londres por tantos anos. Os artistas de hoje, a menos que sejam bem remunerados, têm ou de se mudar para o subúrbio da cidade, ou deixar a capital por completo. Eu ganhava pouco, mas sempre encontrei alternativas baratas de imóveis comerciais, como habitações de curta duração, associações de habitação e sublocações. Mesmo quando era forçada a alugar um imóvel comercial, aquilo era quase acessível, embora o aluguel pudesse comer até 75% da minha renda. E, ainda pior do que isso, a decoração-padrão dos imóveis comerciais para locação consistia em paredes magnólia e carpete bege, a antítese do meu próprio gosto, e como simples inquilina você não tem permissão para enfiar pregos nas paredes, então é difícil personalizar a casa com qualquer obra de arte, embora não estejamos falando de Hirst, Emin e Ofili aqui, como você já deve ter percebido. Nessas propriedades, e eu morei em algumas, você sempre é lembrado que esse até pode ser o lugar onde você mora, mas definitivamente não é a sua casa.

Também sinto saudades de Brixton, onde morei nos anos 1990, com toda sua loucura e anarquia. Tinha má reputação pela criminalidade, mas lá me sentia segura por completo porque me parecia que as gangues se concentravam umas nas outras. Islington, onde morei em várias casas nos anos 1980, era bem mais decrépita antes que a gentrificação enfeitasse as ruas com cafés ao ar livre e lojas de bijuterias. Kilburn, onde morei em três casas, não passou pela mesma transformação radical; a rua principal não mudou muito desde quando morei lá pela primeira vez nos anos 1970.

Como escritora, Londres tem sido uma das minhas musas, minha conexão com ela é profunda, e isso foi estimulado por ter vivido em muitos dos seus distritos. Passei toda a minha vida adulta circulando por Londres em todos os meios de transporte, incluindo os dois pés, e absorvendo tudo. Uma olhada superficial nos meus livros revela a presença de Londres através de diversas repetições: contemporânea, histórica, reinventada como universos alternativos. Minha relação com a capital, por ter morado em muitas casas por toda a cidade, tem sido extremamente inspiradora. Apesar de minha escrita ter se expandido muito além desta cidade, todas as vezes que escrevo sobre personagens que vivem aqui, minha mente volta para todos os lugares em que morei e todos os distritos que conheço bem, como pontos de partida para as casas dos meus personagens.

Como costuma acontecer, a vida nômade começou a perder a graça. Cansei da impermanência e da expectativa de que em algum momento ia haver uma carta, um telefonema, um e-mail me avisando para desocupar as instalações. Não estava presa a uma hipoteca, mas estava à mercê dos proprietários. Não estava presa a um emprego das nove às cinco, então estava livre para ser pobre, embora minha vida criativa fosse rica.

Aos trinta e tantos, comecei a ansiar por um lugar só meu, comprando revistas de estilo de vida para babar por aquilo que eu não tinha. Minhas fantasias não eram povoadas por apartamentos funcionais nos bairros menos atraentes de Londres, nem por casas suburbanas pequenas, que de qualquer forma não eram acessíveis para mim, mas pelos celeiros remodelados com interior superamplo e de plano aberto, apartamentos em antigos armazéns em Nova York com pé-direito alto, vilas espaçosas à beira-mar em países tropicais.

Aos quarenta e poucos anos, nos encontros sociais dos meus colegas, percebi que muitas vezes eu era a única pessoa na sala que não tinha uma casa própria, mesmo que fosse uma Autora Publicada ali no meio, que ainda assim falhou em todos os ritos de passagem da sociedade que todos tinham cumprido: parceiro(a) de longa data, filhos, salário adequado, imóvel próprio, aposentadoria — em diferentes sequências de prioridade. A maioria dessas coisas não tinha sido minha ambição, mas, ao estar rodeada por pessoas que viviam de forma confortável e que protegiam o futuro delas, era difícil não comparar e contrastar, apesar do fato de eu ter sido obstinada em evitar o convencional e, portanto, de não ter o direito de reclamar. No meu caso, minhas escolhas de vida criativa levaram à peripécia e à precariedade, ainda que para muitas pessoas, é claro, isso não aconteça. Agora aqui estava eu na meia-idade, e a ideia de ter casa, aposentadoria e hipoteca parecia bastante atraente, bem como um parceiro de longa data.

Houve até um período em que eu quis filhos, embora tenha sido em uma altura da minha vida em que meus óvulos depauperados estavam lutando contra os estágios finais da dança da fertilidade. Eu tinha pontadas de melancolia quando ia a festivais ao ar livre e via crianças adoráveis de cabelos rebeldes correndo por aí com roupas descoladas. Me perguntava se estava perdendo uma oportunidade, mas era como se estivesse ansiando por um acessório de um estilo de vida, em vez de querer seriamente criar meus próprios filhos.

Até esse ponto, filhos não eram algo que eu sequer desejasse. Quando adolescente, ficava horrorizada com a ideia do ato físico de dar à luz. Meus quadris eram muito estreitos, eu pensava, e um bebê tentando forçar a saída ia quebrá-los. E quanto à dor que fazia as mulheres gritarem como se estivessem sendo esfaqueadas por mil facas?

Também tinha visto minha mãe se afligir com os filhos quando éramos adolescentes. Tenho fortes lembranças dela olhando pela janela da sala da frente à noite, esperando que qualquer um de nós que estivesse atrasado surgisse na curva da estrada: uma figura solitária iluminada pela luz da lâmpada, caminhando em direção à casa — em segurança.

Saída de uma família tão grande, eu tinha testemunhado a responsabilidade e a imprevisibilidade envolvida na criação de filhos, e simplesmente não conseguia me imaginar sacrificando minha liberdade pelo compromisso necessário para criar um filho, que envolveria despriorizar a Mim, Eu Mesma e Eu na hierarquia da minha vida e rebaixar minha arte ao status secundário, porque uma criança com certeza teria que ser minha preocupação principal.

Mulheres que conheci mudaram de carreira para sustentar os filhos, renunciando à vida criativa por uma profissão mais estável e uma hipoteca. Às vezes os maridos saíam para trabalhar e elas ficavam em casa. Às vezes ambos os pais saíam para trabalhar, e, além disso, a mulher cuidava de todas as tarefas domésticas não remuneradas sozinha, mais as obrigações com a criação dos filhos. Bom, todos nós conhecemos essa narrativa.

Em vez de ser mãe, me tornei tia e madrinha, papéis que adorei. Também me descrevo como alguém que optou por não ter filhos, em oposição a uma mulher *sem* filhos, expressão que implica uma falha em cumprir meu papel em vez de uma escolha ativa.

Me mudei cinco vezes quando estava na casa dos quarenta, duas vezes na dos cinquenta até por fim, e com muita alegria, me prender a uma hipoteca aos 55, quase quarenta anos depois de deixar a casa da minha família.

Nesse meio-tempo, através de todas essas mudanças, minha criatividade fluía e fluía e eu escrevia, escrevia e escrevia. Havia me tornado irrefreável na minha criatividade. Minhas situações e condições de moradia e minhas decisões relacionadas a como ganhar dinheiro tinham sido um compromisso com a minha criatividade *über alles* — e funcionou.

A escrita se tornou um lugar só meu; a escrita se tornou meu lar permanente.

Três

þrēo (inglês antigo)
three (inglês)
mẹta (iorubá)
a trí (irlandês)
drei (alemão)

as mulheres e os homens que vieram e se foram

Minha vida criativa está intimamente entrelaçada com minhas relações amorosas com outras pessoas, aquelas por quem acumulei reservas de emoção e verti litros de lágrimas. Anos atrás, todo o meu ser seria consumido de desejo pelo objeto da minha atenção romântica. Meus sentimentos mais profundos foram despertados pela primeira vez quando me senti atraída por outras pessoas. Antes disso, acho que eu passava por cima das minhas emoções e não tinha ideia, ao menos não conscientemente, da força que meus sentimentos podiam ter, até me apaixonar. Se o amor fosse à distância ou não correspondido, então eu mergulhava ainda mais nas profundezas subterrâneas do desejo. Essa paixão, esse estado de prostração hipersensível, se tornou uma força motriz da minha escrita, pois nunca quis ser o tipo de escritora cerebral cujo trabalho era intelectualmente fértil, mas emocionalmente árido. Queria ser o tipo de escritora capaz de atingir as pessoas num nível mais profundo — o poder de tocar, de comover —, e eu nunca era mais emotiva do que quando estava num relacionamento, ou querendo estar em um.

Amor romântico. Sexo casual. Paixões impossíveis. Casinhos curtos. Relacionamentos propriamente ditos. Todas essas experiências contribuíram para me tornar a pessoa e a escritora na qual me transformei, aquela para quem a busca da liberdade era fundamental: liberdade de mudar de casa, liberdade de não ter um trabalho convencional, liberdade de seguir os caprichos da minha sexualidade, liberdade de saltar de um encontro para outro, liberdade de escrever ficção experimental. Mesmo quando minha liberdade foi seriamente cerceada, como foi durante um relacionamento dos meus vinte anos, consegui cair fora e reconstruir a vida que queria para mim.

Quando adolescente, eu gostava de garotos, embora os garotos não gostassem muito de mim, o que não era nenhuma surpresa para uma garota negra/miscigenada crescendo em um ambiente branco nos anos 1970, sobretudo uma que não era bonitinha. Na época, parecia que eu tinha passado eras desejando com tanta intensidade um namorado, mas, olhando para trás, foram só uns anos, embora parecessem séculos em anos de criança. Toda garota que eu conhecia tinha sido condicionada culturalmente a querer um namorado, um indicador de maturidade, posição social e beleza, e nossa adolescência era considerada incompleta até que fisgássemos um. Aquelas que não tinham esse objetivo, que talvez não estivessem interessadas ou tivessem desejos lésbicos, não deixavam transparecer.

Aos treze anos, na festa de aniversário de uma amiga do colégio, lembro de ter beijado um garoto, um estranho, no sofá, o que levou a uma reputação felizmente fugaz de alguém que era "fácil", e que não evoluiu para "vadia" — termo reservado para uma amiga do colégio que perdeu a virgindade na mesma idade com um jovem de 26 anos, ainda que ela também fosse admirada por esse feito. Não fazíamos ideia de como éramos jovens no esquema mais amplo da vida, e da facilidade com que poderiam tirar vantagem de nós. No teatro juvenil local, desenvolvi uma paixonite por um dos professores-atores, e lembro de ir até ele na discoteca em uma das nossas festas pós-espetáculo quando eu tinha catorze anos e perguntar, "*Voulez-vous coucher avec moi ce soir?*". Por sorte ele não era pedófilo, e eu com certeza não teria conseguido lidar caso ele fosse. Até hoje morro de vergonha só de lembrar. Quando cruzei com ele há alguns anos, tudo que conseguia pensar era se ele se lembrava da proposta que fiz em 1974.

No ano em que completei dezesseis, "escapuli" de uma festa com alguém e, enquanto dávamos uns amassos, ele me perguntou se podia ir mais longe, ao que respondi com uma negativa. Eu ainda era, nessa fase, uma garota católica relativamente boazinha. Depois houve o belo ator de vinte e poucos anos que me levou para sair, um verdadeiro triunfo para mim, e enquanto eu bebia um *shandy* em um pub em Charing Cross, deslumbrada como as revistas ensinavam que as garotas deviam ser, ele me perguntou de forma educada se eu dormiria com ele. *Não* foi a resposta; nunca mais ouvi falar dele.

Por fim, aos dezesseis anos, obtive o resultado desejado — um namorado um ano mais velho que eu, alguém por quem no início me apaixonei em grande parte devido aos seus "olhos sedutores". Ficamos juntos por mais ou menos um ano, até ele romper comigo porque, de novo, me recusei a ter relações sexuais com ele. Estava obviamente a meio caminho de virar freira. Ainda bem que os pedidos para eu perder a virgindade foram consultas respeitosas nas quais minha decisão foi aceita, sem exigências brutais. Tenho medo de pensar na pressão que as adolescentes sofrem para sucumbirem à cultura de hoje, em que a educação sexual mais disponível é a pornografia on-line.

Espera-se que as garotas de hoje removam os pelos pubianos que acabaram de crescer para que essa região volte a ser a de uma menina pré-púbere, o que é perturbador. Não é bem a minha ideia de libertação feminina. Da depilação brasileira à pele lisinha em apenas uma geração, com todo o incômodo de manter a remoção dos pelos na parte mais sensível do corpo. Fico muito triste pelas jovens de hoje que acham que precisam se adequar a esse novo padrão estético irracional. Ainda bem que minha geração era até mesmo pré-depilação brasileira, e deixar tudo natural era bem normal.

Quanto à higiene pessoal, os adolescentes que conheci naquela época eram o oposto dos pinçadores de sobrancelhas perfumados, penteados, hidratados e de unhas feitas de hoje. Um namorado se recusava a escovar os dentes pela manhã por uma questão de princípios, o que, imagino, era uma rebeldia adolescente pueril. Quando nos encontrávamos à tarde ou à noite, o hálito dele era nefasto, e quando nos beijávamos parecia que os dentes dele estavam cobertos por uma camada de limo. Ele não era o único. Tenho lembranças bem desagradáveis de beijar rapazes que eram bestas primitivas, fedendo a cerveja de ontem, com as línguas peludas ou escorregadias de bile pegajosa.

Passei a maior parte dos meus vinte anos em relacionamentos lésbicos, até que entrei nos trinta como heterossexual outra vez. Comecei a questionar minha sexualidade quando fui trabalhar na Unidade de Distribuição de Notícias da BBC, percebendo as jornalistas mais velhas flertando comigo, algo que, assim que entendi que era mais do que mera simpatia, achei excitante. Fiquei pensando se eu era bissexual, o que nunca tinha me perguntado antes. Podia ter deixado o assunto de lado, mas fiquei tentada e permiti que os sentimentos florescessem sem me preocupar com a repulsa da sociedade. Aos dezenove anos já estava determinada a levar uma vida alternativa. Tendo crescido em uma casa não convencional, tinha aprendido a ostentar minha condição de outsider com orgulho. Ser marginalizada pela cultura predominantemente branca do meu país me levou a querer rejeitá-la. Se você não quiser brincar comigo, então também não quero brincar com você.

Um casal de lésbicas de meia-idade fez amizade comigo quando eu era uma jovem de dezenove anos ligeiramente confusa e insegura quanto à própria sexualidade: sem dúvida não era hétero, mas será que era gay ou bissexual? Naquele tempo, na Idade das Trevas, a coisa costumava ser "ou isso ou aquilo". Todas as jovens lésbicas deviam ter um casal mais velho para tomar conta delas quando estivessem aceitando a própria sexualidade em uma sociedade heteronormativa onde há poucos exemplos de lésbicas aos olhos do público. Passei muitos finais de semana me sentindo querida e sendo bem alimentada na casa confortável delas, numa época em que eu mal conseguia me aquecer ou me alimentar, enquanto ouvia suas façanhas como criminosas profissionais de segundo escalão.

Nos anos 1980, lésbicas e feministas eram alvo de escárnio e insultos nada velados por parte da mídia de direita. Nesse clima, mulheres não brancas ou lésbicas não brancas eram consideradas a parcela de seres humanos menos digna de respeito do planeta. A sociedade como um todo também era um lugar inóspito para homossexuais de todas as origens, inclusive do ponto de vista legislativo, com a introdução da lei da Cláusula 28 de Margaret Thatcher, que proibia a "promoção" da homossexualidade pelas autoridades locais, prejudicando a causa e acabando com as redes de apoio às pessoas gays. Enquanto isso, pessoas gays estavam sujeitas a toda sorte de perseguições, desde microagressões casuais até violência física severa e assassinato.

Bem, nada como ser marginalizada para galvanizar sua amazona interior. Enquanto algumas das jovens lésbicas que eu conhecia se mantinham no armário por todos os motivos que se pode imaginar e escapuliam à noite para dançar com outras mulheres em clubes mal iluminados, eu não era uma delas. Eu era a lésbica suprema. Eu vestia a camisa. Usava as roupas andróginas que eram uma espécie de uniforme naquela época. Ia nas manifestações. Minha identidade lésbica era um arraso, e eu acreditava que minha sexualidade estava gravada em pedra. Minha vidente interior me disse que eu ia ser lésbica até o dia em que morresse, e, quando as pessoas ousavam dizer que eu estava passando por uma fase, ficava furiosa. Como se atreviam? O que elas sabiam?

Viver como lésbica assumida não foi uma escolha fácil, mas era a única que eu podia levar adiante com alguma integridade. Na mente de muitos, a homossexualidade era considerada uma doença, um pecado, uma disfunção pessoal, antinatural de um jeito repugnante e criminosa do ponto de vista moral e, de fato, até 1967, para os homens era um crime legítimo aos olhos da lei. Sempre que me perguntam se os tempos mudaram para melhor, minha resposta é consistente — é claro que sim.

Como uma jovem mulher que estava se divertindo, não havia chance de engravidar e era pequena a chance de pegar uma IST ou sucumbir à tragédia do HIV, que estava então nos estágios iniciais da ofensiva letal. Hoje em dia não consigo imaginar transas de uma noite: expor seu corpo nu a uma completa estranha na busca de um prazer passageiro? As paixões eram naturais para mim, às vezes com mulheres mais velhas que não estavam interessadas, então ainda que tenha partido alguns corações, eu mesma não saí ilesa. Algumas das minhas paixões me cozinhavam em banho-maria, o que, em retrospecto, não era nada mais do que eu merecia, e funcionavam, no esquema mais amplo das coisas, como um contrapeso eficaz para minha atitude arrogante em relação a algumas das mulheres com quem dormi, que muitas vezes estavam mais envolvidas em nossa relação do que eu. Até que teve a mulher que levei para o meu quarto uma noite depois de uma balada, embora estivesse tão bêbada que literalmente vomitei em cima dela enquanto estávamos transando. Nunca esqueci disso; tenho certeza de que ela também não. Ela tinha só dezoito anos e eu fui a primeira, talvez a última dela. Em minha defesa, eu tinha só vinte anos.

O grande caso de amor da minha era lésbica também foi o meu primeiro grande caso de amor. eX era holandesa e nove anos mais velha. Nós duas tínhamos fundado nossas próprias companhias de teatro de mulheres em Londres e Amsterdam, onde nos conhecemos na festa de encerramento de um festival de teatro de mulheres no qual eu havia me apresentado, alguns meses depois de deixar a escola de atores. Eu tinha ido a um mercado de roupas de segunda mão em Amsterdam no dia anterior e comprado um paletó preto de garçom, calças pretas de equitação, botas pretas, óculos redondos sem lentes e uma piteira de prata antiga. Alta e magra, meu cabelo era curto e estava tingido de azul e rosa, e eu estava de batom, que de modo geral não usava. "Lésbica-gostosa--afetada" ou "ridícula-extravagante". Claramente a primeira definição, porque eX se aproximou de mim e sussurrou que eu estava linda, e foi o que bastou.

Depois disso se seguiu um caso de amor à distância, em que viajávamos da cidade de uma para a da outra e preenchíamos o meio-tempo escrevendo cartas românticas uma para a outra. A evidência da intensidade dos nossos sentimentos está nas cartas que guardamos. Se a memória é algo inconstante, a correspondência entre eX e eu contam a verdade a respeito do nosso caso de amor. Relendo-as depois de tanto tempo, me lembro de como esse relacionamento foi importante para mim. Uma coisa é expressar verbalmente seu amor por alguém, outra é escrever milhares de palavras que articulem o que vocês significam uma para o outra, e isso criou um registro escrito do relacionamento.

eX era alguém que se revelava por meio das cartas e cara a cara, e a franqueza dela me fez querer desmontar meus próprios mecanismos de defesa aparafusados, ainda que eu não tenha me saído muito bem nisso. Eu era uma negra londrina calejada que cresceu numa sociedade onde era vista como estranha, ao passo que ela era uma holandesa branca que se encaixava visualmente no ambiente de maioria branca de seu país. Em uma das cartas, ela escreveu, "Bernie, é bom ser vulnerável; por favor não sinta medo dos seus próprios sentimentos e sinta orgulho de você mesma, porque você é totalmente digna disso!".

Ela sempre estava disposta a escutar minhas experiências e minha perspectiva como mulher negra e a ter conversas abertas, igualitárias e significativas a respeito do racismo, sobre o qual ela pouco sabia, no sentido de conhecer outras pessoas negras ou de compreender as culturas negras. Essas conversas não ocupavam a maior parte do nosso tempo juntas. Nunca tive quaisquer problemas raciais com meus parceiros brancos, ao contrário de amigos que tiveram relacionamentos inter-raciais repletos de mal-entendidos e conflitos culturais. Também não achei a Holanda opressora de maneira alguma. Me lembro de apenas um caso de racismo, quando estávamos de férias na ilha holandesa de Texel. Quando eX e eu saíamos de um café, um homem segurou a porta para ela, e então, de forma deliberada, a bateu antes que eu pudesse passar. Nunca esqueci isso, porém na escala do racismo é um acontecimento muito leve.

eX era mais madura do que eu, coisa de que eu gostava. Senti que podia aprender mais a respeito da vida com ela. Ela era gentil, sensível, compassiva e uma grande pensadora. Tínhamos um amor mútuo pelo teatro e pela literatura e passávamos muitas horas lendo, enquanto relaxávamos no apartamento elegante dela de paredes brancas, piso branco, sem divisórias, e que era, surpreendentemente, uma ocupação legal a uma distância do centro da capital que podia ser percorrida de bicicleta.

Amsterdam era uma cidade romântica, liberal e *gay-friendly*. Eu adorava perambular pelos cafés com atmosfera europeia, paredes de painéis de madeira e vitrais, onde você podia comprar um café, cujos grãos eram moídos diante dos seus olhos, e se sentar do lado de fora na calçada, até mesmo à beira dos canais. Bem diferente de Londres naquela época, com sua cultura de café instantâneo e cafeterias apertadas com paredes gordurosas, mesas de fórmica e cortinas rasgadas de rendinha.

Também fiquei impressionada com as lésbicas da cidade, que, como eX, me pareciam deusas, lindas, altas, vikings nórdicas, vestidas com jaquetas e calças de motoqueiro, de couro, ou ostentando um estilo mais teatral — uma imagem dos cortes de cabelo e paletós casuais de Radclyffe Hall. Elas tinham uma cena lésbica descolada, mas também era completamente branca, e às vezes eu me sentia insegura por ser a única pessoa negra da sala. A cena de Londres era muito mais multirracial.

No início do nosso relacionamento, a ideia de me mudar para Amsterdam passava pela minha cabeça, mas isso teria significado desistir da minha companhia de teatro, e o mesmo aconteceria com eX se ela se mudasse para Londres. Simplesmente não era viável, a menos que desistíssemos daquilo que estávamos construindo em nossas carreiras. Nenhuma das duas estava preparada para isso.

Como uma jovem que ainda estava amadurecendo, eu tinha espaço para respirar no nosso relacionamento, e valorizava meu ecossistema de criatividade, sexualidade, amor e estilo de vida livre — todos florescendo graças à interação entre si. eX me mostrou que eu podia amar alguém e ter esse amor correspondido na mesma medida. Nossa relação fez com que eu me sentisse mais segura quanto às possibilidades de quem eu podia ser no mundo como namorada e também como nova escritora — a escrita sendo a nossa tábua de salvação durante os períodos em que estávamos separadas. As ligações internacionais eram extremamente caras naquela época.

Qualquer tempo passado longe da eX era tempo passado suspirando por ela, enquanto eu seguia com o trabalho na minha companhia de teatro e com a vida social em Londres. Na batalha entre trabalho e lazer, o trabalho tinha prioridade, um padrão que persiste até hoje.

É provável que eu não tenha dado o devido valor para o relacionamento porque era muito jovem e foi fácil demais para mim — não tive nem que passar pelo teste de vivermos na mesma cidade ou na mesma casa. Ele simplesmente existiu em seu próprio espaço durante um certo tempo. É normal que a determinada altura um relacionamento à distância precise avançar para a próxima fase para que seja viável, e que um dos protagonistas tenha que cruzar a divisão geográfica, ou ele provavelmente irá perder o fôlego. Depois de dois anos e meio, surgiram fissuras em nossa relação, e era hora dos nossos caminhos divergirem.

Assim que o relacionamento definhou, fui em busca de outras aventuras e, rapaz, como encontrei — com a Dominatrix Mental (DM), no que acabou sendo não tanto um caso de amor, mas sim um caso de tortura. Passei de um relacionamento amoroso para um relacionamento abusivo.

Antes de arrastar você para o dramalhão desse esquete, tive, no intervalo entre o término com a eX e o encontro com a DM, alguns flertes que não deram em nada. Não consigo nem lembrar o nome de uma mulher com quem saí durante um tempo, o que é vergonhoso. É compreensível quando é um caso de uma noite, mas não quando vocês supostamente estavam "ficando". Na maior parte das vezes, eu me envolvia com alguém e depois me perguntava o porquê, já que éramos tão incompatíveis.

Então a Dominatrix Mental, que tinha o dobro da minha idade, entrou em cena. Era 1985 e eu tinha 25 anos. Nos conhecemos quando eu estava fazendo uma turnê com o Teatro das Mulheres Negras fora de Londres e, junto com o elenco e a equipe técnica, tinha ido a um bar gay para relaxar. A DM se juntou à nossa mesa e bem depressa deixou todo mundo gargalhando com seu humor chulo. Eu nunca tinha conhecido ninguém assim antes — uma figura com uma personalidade tão exuberante. Na hora de o bar fechar, quando ela me convidou para ir à sua casa, fiquei lisonjeada, aceitei, como era de esperar, e acabei passando o final de semana lá. Algum tempo depois, ela me disse que na verdade a diretora de palco tinha sido sua primeira escolha — mais bonita e com peitos maiores —, mas ela não estava interessada. Foi bacana saber que eu era a segunda opção. No domingo, sabe-se lá como, me convenci de que estava apaixonada.

A casa dela era um bocado úmida, mofada e sem alma, o que devia ter sido um sinal de alerta. Descobri bem mais tarde que, como ela não tinha condições de pagar a hipoteca, a casa ia ser retomada pelo banco. Em uma semana ela se mudou para o meu apartamento em Londres. Pensei que era porque estava apaixonada por mim, e não porque precisava desesperadamente de moradia gratuita. Logo depois que nos conhecemos, ela rebocou um carro por centenas de quilômetros até Londres como presente surpresa para mim. Era uma charanga caindo aos pedaços, destruída, provavelmente comprada num lote de carros de segunda mão, mas achei um gesto romântico. Eu sei, vai entender. Eu nem sabia dirigir, ainda bem.

Com a carreira no mundo do espetáculo nos últimos estertores, ela costumava fazer turnês ocasionais como comediante em bases do Exército britânico — e me arrastava junto. Os soldados de dezesseis anos fervilhavam em torno dela como se ela fosse uma figura materna substituta, uma cujo palavreado era recheado de obscenidades, o que fazia com que a adorassem ainda mais. A mãezinha era fofinha, mas também tinha a boca suja — uma verdadeira vencedora.

Ela pregava uma ideologia antissucesso, ou melhor, o que chamava de "cucessso", proferida com todo o veneno de uma pantomima de uma víbora. Pessoas bem-sucedidas eram moralmente repreensíveis, deviam ser desprezadas, tinham vendido a alma para o diabo. Foi outro sinal de advertência que ignorei, de que seria sensato me afastar de alguém que desprezava a ambição. Como feminista, eu devia lutar para que as mulheres, sobretudo mulheres negras, fossem bem-sucedidas e ouvidas. Eu devia ter mais ambição, e não menos. Naquele tempo, eu não tinha os meios para entender que ela estava decepcionada com a própria sorte em declínio e ressentida com aqueles que estavam alcançando o que ela mais desejava: dinheiro, fama, respeito. Em vez disso, ela dirigia um carro barato e vivia em uma habitação social — a minha —, embora fosse um apartamento aconchegante no sótão de uma associação de moradores em uma praça de Islington, que inicialmente tinha sido repleta de propriedades privadas de estilo eduardiano e geminadas. Bem diferente das habitações sociais da zona sul de Chicago ou centro-sul de Los Angeles.

Alguns anos depois de nos separarmos, ela alugou um Rolls-Royce para dirigir por Londres e visitou meu pai, que me relatou tudo tim-tim por tim-tim, o que, acredito, era seu objetivo.

Eu havia parado de escrever para o teatro quando nos conhecemos, mas administrava a companhia ao mesmo tempo em que continuava a escrever poesia. O único momento em que conseguia escrever era tarde da noite quando a DM tinha ido para a cama, porque ela nunca parava de falar quando estava acordada. Eu não conseguia pensar, quanto mais escrever. Quando tentava escrever um poema enquanto ela estava acordada, ela reclamava que eu não estava prestando atenção nela, apesar de estarmos sempre juntas.

Tendo ignorado os primeiros sinais de alerta que apontavam para a incompatibilidade, eu não via nada de mais em estar num relacionamento com uma adepta do monólogo, que afirmou sem demora sua superioridade em relação a mim; ela era a mandachuva na hierarquia do nosso relacionamento, e era dever dela me dizer onde eu estava errando na minha vida, nos meus pensamentos, nas minhas amizades, nas minhas sociedades, em todas as coisas. Eu era uma criança que não sabia nada de nada e que precisava de orientação, para o meu próprio bem, entende? A recompensa era estar com uma pessoa que era dedicada a mim, que focava toda a atenção em mim, ao mesmo tempo que afastava todos os meus amigos e se certificava de que eu não visse minha família sem ela. Até mesmo o ato de falar com outras pessoas exigia a aprovação dela, de modo que eu era literalmente silenciada quando ela me lançava "o olhar" para ficar quieta, até que o olhar não fosse mais necessário porque eu sabia que não devia abrir a boca.

A DM nunca parou de me dizer que éramos nós duas contra um mundo hostil. Ela estava ali para me salvar das forças negativas da sociedade que espreitavam lá fora, então sempre que planejávamos viajar, ou quando estávamos viajando, coisa que fazíamos muito, eu não tinha permissão para dizer às pessoas onde estivemos ou para onde estávamos indo, ou elas iam encontrar um jeito de nos impedir. "As paredes têm ouvidos", ela dizia, e falava sério. Digo, ela realmente acreditava nisso; tínhamos que sussurrar quando não estávamos em casa porque, bom, as paredes têm ouvidos. Se isso soa uma insanidade, é porque era.

* * *

Então lá estava eu, tarde da noite, sentada no sofá da sala curvada sobre uma mesa de centro em comunhão comigo mesma, escrevendo poemas enquanto ouvia música no toca-discos antigo, que rodava sem cessar os discos de vinil de 45 e 78 rotações da velha guarda (embora não fossem da velha guarda na época). Direto dos anos 1950, o contralto assombroso de Kathleen Ferrier transmitia uma profundidade de emoção que trazia à tona o que eu mesma sentia. Direto dos anos 1960, o vibrato melodramático de Edith Piaf enviava vibrações instigantes para a sala enquanto cantava em francês que não tinha nenhum arrependimento, um conceito que me fascinava porque nessa fase eu estava cheia de arrependimentos por uma infância que achava decepcionante. Direto dos anos 1970, Nina Simone, melancólica, cantava que o pai lhe prometeu que um dia ela moraria na França, o que me levou às lágrimas porque o meu pai não tinha me prometido nada daquilo.

Enquanto escrevia, eu fumava um Marlboro vermelho atrás do outro, porque, se você vai cometer suicídio a longo prazo com a nicotina, pode muito bem escolher a marca mais associada a caubóis másculos. Minha bebida preferida por alguns anos era o uísque, muitas vezes misturado com licor Drambuie, porque é óbvio que só o uísque não dá barato o suficiente.

As palavras nunca fluíam com facilidade, e é por isso que eu bebia, para me desconstipar — álcool como laxante emocional. Era um equilíbrio delicado, beber o suficiente para pôr a caneta no papel, mas não a ponto de a caneta ter dificuldade de achar o papel. Na manhã seguinte eu ia descobrir se havia produzido uma barafunda ininteligível, as palavras cambaleando numa dispersão gotejante e bêbada pelas páginas do caderno e sobre a mesa; ou se tinha criado algo mais promissor — a matéria bruta de um poema que poderia ser esculpido e virar algo especial? Queria que a minha poesia fosse comovente, de preferência trágica. Para ser honesta, queria que meus poemas mexessem comigo emocionalmente e alimentassem a minha alma. Um pouco autoantropofágico, suponho.

Escrever poesia foi a forma que encontrei de me conectar às minhas emoções mais profundas, embora tenha avançado depressa da escrita sobre mim para a escrita sobre a história da família e da África, assim que descobri que ela realmente existia. A declaração oficial sobre a África, feita pelo partido do império, era que ela não tinha nenhuma história digna de nota até os europeus a descobrirem. Acordei para a realidade de que a minha imagem da África tinha sido um conceito que existia no imaginário europeu. Li muito sobre as grandes civilizações africanas, buscando uma base cultural mais adequada para mim.

A poesia era o meio pelo qual eu processava meus novos conhecimentos e percepções. Parecia importante absorver meu despertar cultural na minha corrente sanguínea, transformá-lo através da poesia, reivindicá-lo através da criação de algo novo.

Alguns dos meus primeiros poemas foram publicados em antologias, mas nem por um momento imaginei que um dia pudesse vir a escrever um livro. Publicar não era o que me movia. Poesia era meu passatempo, mas do tipo que você não pode viver sem, como o oxigênio.

No início, a DM era a maior incentivadora da minha escrita, esbanjando elogios. Preciso dizer que eu ficava eufórica com aquilo? Achava o julgamento crítico dela incomparável, claro, apesar do fato de que provavelmente a última vez que ela tinha lido um poema foi quando estava na escola. Passei a esperar que ela aprovasse um novo poema antes de eu mesma conseguir gostar dele. Com a aprovação servida de bandeja, eu não questionava nada, sem perceber que estava caindo na dependência.

Certa vez, houve um lançamento, com leituras dos autores, de uma antologia que contava com alguns dos meus poemas. A DM me convenceu de que ela lia melhor minha poesia do que eu mesma, ela que devia ler, insistindo para que eu me sentasse ao seu lado no palco. Concordei porque era uma completa palerma que não pensava em desafiar seus argumentos. Na verdade, ela nunca tinha lido meus poemas em voz alta. Sentei ali morta de vergonha diante da desaprovação silenciosa dos outros poetas no palco, que evidentemente se opunham à presença dela ali. Quando chegou a minha/sua vez de ler, a performance declamatória foi muito exagerada e se arrastou além do tempo concedido, um verdadeiro crime no mundo da poesia. Os outros poetas tossiram, o público olhou para o relógio, todo mundo se remexeu no assento. Em comparação com ela, os outros poetas leram com naturalidade, como se tivessem escrito as palavras e de fato acreditassem nelas, o que era o caso. Enquanto isso, fiquei lá sentada me sentindo e provavelmente parecendo uma verdadeira idiota. Minhas palavras, minha arte, minha dedicação, meu trabalho, minha poesia — tudo usurpado e no fim das contas diminuído pela apropriação dela. Aquilo ainda não era o suficiente para me fazer desistir do relacionamento. As sementes da falta de autoconfiança já começavam a despontar brotos no solo, mas arranquei-os antes que pudessem crescer ainda mais.

Em dado momento, me dei conta de que havia reunido um número suficiente de poemas para pensar em fazer algo com eles, e aí me ocorreu que talvez tivesse o bastante para um livro. A DM foi contra minha decisão de submeter o manuscrito a editores. *Nós* não devíamos dar sua escrita a *eles*, ela protestou. *Eles* sendo qualquer um diferente de *nós*. *Nós* sendo mulheres negras, ou melhor, mais especificamente, ela e eu, porque éramos as únicas mulheres negras que importavam. Ela sugeriu que ela mesma publicasse os poemas, sem se deixar abalar por uma total falta de experiência e competência em ler poesia, analisar poesia ou editar poesia. Vou fazer o design de capa, ela disse, como se diz quando se tem zero habilidade em arte ou design. Vamos imprimi-lo em um lugar de fotocópias e vendê-lo em uma mala na rua, assim o dinheiro fica todo para nós. Não vamos deixar que *eles* lucrem com a nossa poesia. Nossa poesia?

Ela já tinha um histórico nesse departamento. Quando desisti do Teatro de Mulheres Negras, ela e eu viajamos de carro pela Europa com as minhas economias, vivendo com muito pouco, comendo basicamente legumes, feijão e pão, e às vezes dormindo no carro. As pessoas achavam que ela era minha mãe e, como era mais fácil, entramos no jogo.

Tinha sido ideia dela reabastecer nosso caixa cada vez mais vazio entretendo o público na rua, e foi o que fizemos no sul da Espanha. Ela cantava e eu passava o chapéu. Ela era parecida com a Aretha Franklin, mesmo que não cantasse como ela, e por isso conseguia se dar bem. Fiquei aliviada por ser uma anônima num país estrangeiro. Estávamos naquela fase de vestir moletom e tênis combinando, o que eu teria achado uma ofensa à elegância em ambos os sentidos antes de ficarmos juntas.

De volta a Londres e sem recursos, ela me convenceu a fazer bijuterias, um passatempo da minha juventude, que vendíamos numa mala pelas ruas de Dalston Junction em Hackney e nos arredores do mercado de Brixton, sempre de olho na polícia. Era 1990. Agora eu tinha, como minha avó nigeriana, assumido a profissão de camelô. Tinha trinta anos.

Quando as pessoas que me conheciam da época do teatro passavam por ali, eu queria me enfiar num ônibus rumo à estação de Euston. Os olhos delas procuravam os meus perguntando o que diabos eu estava fazendo. Realmente não sabia o que dizer. Naquela altura, o relacionamento vinha se deteriorando e se aproximando do confronto havia bastante tempo. Eu estava seguindo o fluxo sendo uma parceira obediente, mas começava a me rebelar. A DM estava determinada a me manter ao lado dela abanando o rabinho e fazendo o que ela queria. Publicar meu primeiro livro seria um risco ao relacionamento, pois podia me levar para longe do controle dela.

Quando estávamos viajando pelo exterior, me senti atraída por homens outra vez. Isso vinha acontecendo aos poucos, sem que eu percebesse, como se me desse conta de que a parte de mim que os havia trancado para fora estava se abrindo para eles de novo. AF era um *émigré* judeu russo que vivia nos Estados Unidos e passou por um acampamento turco quando a DM e eu residíamos lá. Fizemos amizade com ele, e ele e eu flertamos furtivamente. Certa noite, eu disse para a DM que ia a uma balada com ele e os amigos dele. Em que diabos eu estava pensando? A resposta enfurecida dela foi me espancar na nossa barraca naquela noite, o que suportei em silêncio porque as paredes eram de tecido e os campistas vizinhos estavam a poucos metros de distância. Ela nunca tinha me batido antes, nem eu revidei. Eu não era brigona, e ela era muito maior e mais forte que eu, com um gancho de direita mortal.

Mais tarde naquela noite, AF veio me buscar a caminho da discoteca. Eu estava sentada um pouco atrás da DM e, quando o vimos se aproximando, balancei a cabeça e falei *não* sem som à medida que ele atravessava o acampamento todo animado. Ele não viu meu sinal. Ela o mandou cair fora. De madrugada, enquanto ela dormia na barraca, engatinhei até a cabana dele e transamos. Fazia quase dez anos desde a última vez que tinha estado com um homem e foi uma confirmação de que queria estar com eles de novo. Não houve culpa, já que uma pessoa violenta não merece lealdade. Além disso, a relação com a DM se tornou platônica seis meses depois de começarmos a namorar. Da minha perspectiva, e evidentemente da dela, aquilo tinha deixado de ser um caso de amor havia muito tempo. Ela se autointitulou minha mentora, sem me perguntar se eu queria uma. Portanto, segundo meu raciocínio, como ela mesma havia declarado que não éramos amantes, ela também havia me exonerado de qualquer potencial acusação de traição. Ela não podia ter as duas coisas.

Quando voltamos para casa, eu não sabia como ir embora, não conseguia encontrar uma solução. Ela esperava que eu ficasse ao lado dela o tempo todo, questionava a razão de eu querer sair e me sentar numa cafeteria sem ela. Quando eu conseguia escapulir, era interrogada no momento em que voltava. O que eu pretendia, o que estava fazendo? O que eu estava fazendo era tendo um caso com G, um médico egípcio que dava uma aula noturna que eu a convenci a me deixar assistir. Defensor da saúde, mesmo assim ele colocava um quilo de açúcar no bolo de tamanho industrial que assava e comia sozinho toda semana. Ele era vinte anos mais velho que eu, trinta centímetros mais baixo e usava plataformas para compensar a diferença de altura quando eu visitava seu apartamento em Camden. Sem me deixar abalar, eu gostava daquele homem manso, de natureza doce, espiritual, que era o completo oposto da DM. Na companhia dele, sentia meu antigo eu voltando.

Viver com ela agora era como estar presa em Alcatraz. A atmosfera no pequeno apartamento de um quarto estava impregnada de radiação emocional. Ela me disse que eu não conseguiria viver sem ela. Que não seria nada sem ela. Cada vez mais eu revidava, com palavras, mas com um bocado de insolência, na visão dela, e então ela me batia com força no braço ou bloqueava a saída quando eu queria disparar porta afora durante as discussões, que agora haviam se tornado acaloradas. Aparentemente o diabo havia posto as garras em mim porque eu tinha deixado. Ela não era religiosa, mas por algum motivo o diabo começou a aparecer como a terceira pessoa do relacionamento.

Depois que rejeitei com firmeza a gentil oferta dela de publicar minha poesia, ela passou a demoli-la. No fundo não era nem um pouquinho boa, ela declarava agora, e tinha dito o contrário antes para aumentar minha confiança, porque eu estava perdida quando a conheci, e ela, muito magnânima, tinha tido a intenção de me salvar, sacrificando o próprio bem-estar. (Como Deus, suponho.)

O desprezo da DM pela minha escrita foi a gota d'água. Os elogios anteriores estavam condicionados à minha subserviência. Ela havia sido minha maior incentivadora e agora assumia o crédito pela minha evolução como escritora, embora nunca tivesse me oferecido um único comentário construtivo — então como assim, gata?

À noite, enquanto ela dormia, eu escrevia poesia, mas estava passando por um turbilhão emocional e minha musa tinha sumido do mapa. A autoconfiança, que eu vinha desenvolvendo antes do relacionamento e reconstruí depois dele, é a coisa mais importante que um escritor precisa ter, sobretudo quando o encorajamento alheio pelo qual ansiamos não vem.

Esses foram os últimos dias. Era hora de ir embora, mas como? Uma amiga, que viu que eu estava presa, se ofereceu para me sublocar seu apartamento, de propriedade do município, que ficava do outro lado de Londres.

Eu estava morrendo de medo de dizer para a DM que ia partir, mas ela aceitou, surpreendentemente — talvez ela também já estivesse cansada. Brigamos pelo que era meu ou dela, e fui embora.

Nos anos seguintes, vim a entender que a pessoa controladora em um relacionamento depende da fraqueza do parceiro, e, no entanto, aquele que supostamente é fraco tem mais chance de prosperar quando cai fora, ao passo que a pessoa que se mostra mais forte é menos capaz de se virar por conta própria. Se seu poder vem da dominação de outra pessoa, então você que é fraco e dependente.

A maior lição — que é óbvia, mas vivenciar isso tão de perto me mostrou sua importância — foi que o abuso de poder não é exclusivo dos homens, ou das pessoas brancas, ou de parceiros heterossexuais. Tampouco prospera no vácuo. Eu não era uma vítima, ainda que por vários anos depois daquilo tenha me visto como uma. Agora prefiro me ver como cúmplice de um relacionamento em que abri mão do meu livre-arbítrio a tal ponto que foi difícil recuperá-lo. Sempre fui livre para ir embora. Afinal, eu era jovem, sem dependentes que precisasse levar em consideração. Ela exerceu um controle psicológico descomunal sobre mim, e, quando tentei me impor, o relacionamento descambou para a violência. Se no início eu não tivesse sido seduzida pela força da personalidade dela e ignorado os sinais de alerta, ela nunca teria virado esse monstro na minha vida. Alimentei o monstro até que se tornou insuportável ficar em qualquer lugar perto dele. Me deixei dominar, não por um homem ou por uma pessoa branca, mas por outra mulher negra. A lição que aprendi foi detectar os primeiros sinais de uma pessoa controladora e pular fora.

Quando seguimos caminhos separados, ela afirmou que havia investido anos da vida dela na minha construção e que eu fui uma ingrata. Na verdade, eu era forte quando a conheci, e ela me destruiu. Minha própria personalidade foi sublimada na de alguém que era bem mais velha e gostava de controlar mentes. Eu tinha gastado minhas economias nas nossas viagens e usado meu cartão de crédito quando elas se esgotaram, e levou anos para terminar de pagar as faturas. Ela, por sua vez, ofereceu seu conhecimento e o itinerário. Mesmo assim, nenhuma de nós estava em dívida uma com a outra, ou tinha qualquer direito de tomar para si o mérito do futuro eu da outra pessoa.

Vinte anos depois que saí correndo desse pesadelo na direção de um novo amanhecer, vi a DM no Carnaval de Notting Hill. Caminhando com os amigos, eu estava curtindo as bandas nos carros alegóricos e a procissão de corpos pulsantes usando máscaras e fantasias extravagantes, quando de repente ela surgiu no meu campo de visão, me observando da calçada. Chocada, mas incapaz de fingir que não a tinha visto, cumprimentei-a de longe e continuei andando. Quando passei, ela ordenou "venha aqui", como se eu fosse um cachorro treinado para obedecer. Os olhos dela estavam em chamas, os lábios apertados, ela estava furiosa, dando uma ordem. Isso trouxe tudo de volta. Caí na gargalhada, reconheci o modus operandi, continuei andando. Livre.

Enquanto escrevo isso, sinto necessidade de explicar minha época lésbica, porque ela veio e depois se foi, o que sugere que uma explicação seja necessária. A atração mútua entre seres humanos do mesmo sexo não deveria ser considerada antinatural, como uma patologia que requer dissecação, do mesmo modo que a atração heterossexual não precisa ser desconstruída ou justificada. O problema não é a atração pelo mesmo sexo, mas a sociedade homofóbica que exige que pessoas queer justifiquem a própria existência e lutem pelos seus direitos. Manter relacionamentos com pessoas do mesmo sexo é uma confirmação do espírito humano de estabelecer vínculos no nível da nossa humanidade essencial, sem levar a identidade de gênero em conta. É uma expressão de amor e desejo entre adultos capazes de consentir, que transcende os limites das construções sociais impostas que determinam quem pode amar quem. Ser queer é manifestar e afirmar a liberdade e o esclarecimento.

Alguns vão sentir que a homossexualidade está na essência deles, enquanto outros serão mais diletantes, mudando quando quiserem ou se deslocando de forma mais permanente de uma posição para a outra, como eu fiz. Veja por este lado: minha identidade lésbica era o recheio de um sanduíche heterossexual.

Minha sexualidade queer floresceu ao lado da minha militância feminista, e, quando me desiludi com a DM, as rachaduras na minha visão da grandeza moral das mulheres como espécie superior e a consequente atitude negativa em relação aos homens ficaram expostas. Isso não quer dizer que o desejo pelo mesmo sexo não esteja latente dentro de todos nós.

Eu tinha entrado nos vinte anos convencida da bondade inatacável das mulheres, da beatífica e idealizada Virgem Maria da minha infância católica e da crença de que as mulheres (minha mãe) eram boas e os homens (meu pai dominador) eram maus. Com o tempo, meu pensamento se tornou mais refinado, o que, por sua vez, determinaria minha abordagem ao construir personagens na minha futura escrita de ficção. Aprendi que não existem duas pessoas iguais e que é falta de imaginação criá-las como se fossem — todos os personagens fictícios têm de ser individuais; que a divisão dos personagens em bonzinhos e malvadões é uma abordagem infantil que deveria continuar relegada aos contos de fadas antiquados; que o ato de homogeneizar um gênero ou grupo racializado é um desserviço à humanidade de todos; que seres humanos de todas as raças, gêneros e sexualidades são complexos e contraditórios e capazes de oprimir os outros, seja na esfera pessoal, comunitária ou governamental; e que todos somos capazes de ter comportamentos moralmente questionáveis.

Os anos em que vivi como lésbica foram um período de autoconhecimento e descoberta, com dois relacionamentos cruciais que afetaram minha criatividade. No primeiro, floresci e curti meu estilo de vida livre e meu relacionamento com eX, no qual meu bem-estar e minha criatividade prosperaram. Durante a segunda metade dos meus vinte anos, permiti que a Dominatrix Mental roubasse minha soberania conquistada com muito esforço e tentasse prejudicar minha criatividade. Quando escapei desse relacionamento, jurei que nunca iria deixar isso acontecer de novo.

A DM havia se tornado uma força descomunal que se opunha à minha felicidade e à minha criatividade. Muitas pessoas e artistas vão encontrar a própria versão disso — no local de trabalho, entre os membros da família, nos relacionamentos, entre seus pares —, e quando isso acontece devemos decidir se dissolvemos ou não essa ligação tóxica. Se aceitarmos que não podemos mudar outras pessoas, ou que não podemos mudar a forma como nós mesmos contribuímos para uma dinâmica pouco saudável, então o jeito é fazer um movimento em direção à liberdade.

Aprendemos muito com as dificuldades e os desafios que enfrentamos na vida, que nos forçam a lutar para alcançar o que desejamos e para ser quem somos. Aprendi muito por ter estado com a DM. Compreendi que tinha sido fraca e jurei nunca mais permitir que isso aconteça.

Se tivesse ficado com a DM, sem dúvida teria parado de escrever por completo e, mesmo não sendo suscetível à depressão, provavelmente teria sucumbido a ela. Me lembro de ter dormido muito nos últimos dois anos em que estivemos juntas.

Quando fui embora, levou um tempo para eu voltar a me sentir como antes.

Meu novo apartamento ficava em uma casa velha e enorme numa colina em Brockley, com vista para o sul de Londres. Minha condição era de recém-independente, era eu que controlava quem entrava pela porta e com quem compartilhava meu espaço por uma tarde, uma noite ou mesmo madrugada adentro. Livre da tensão, a única censura que havia era a autorreprimenda por ter me perdido por cinco anos.

Minha decoração era minimalista porque eu precisava de um ambiente organizado para ajudar a ordenar a mente. Com o objetivo de investir na minha criatividade, tomei a decisão de não ter uma televisão, um período que durou sete anos. Sabia que, como morava sozinha, uma televisão iria drenar minha energia e meu tempo e me transformar em uma espectadora passiva do sucesso de outras pessoas. Sem uma, logo percebi o quanto a televisão explora a vulnerabilidade feminina, mesmo naquela época, nos anos 1990, antes que a enxurrada de dramas centrados em mulheres sendo exploradas, torturadas, assassinadas e massacradas se tornasse um dos sustentáculos do entretenimento televisivo. Com esses programas fora de alcance, percebi que me sentia mais segura morando sozinha.

Eu saboreava a serenidade de viver num espaço silencioso sem distrações, tendo tolerado as tagarelices sem sentido da DM ou da televisão, que ela deixava ligada de quando acordava até a hora em que ia dormir. Agora eu podia olhar adiante e construir uma vida sem ter que prestar contas a outra pessoa, sobretudo uma que acreditava que as opiniões dela invalidavam as minhas. Precisava aprender a pensar por mim mesma de novo, não para me opor às intrusões e aos argumentos de alguém, mas só deixar que os pensamentos se formassem como belas nuvens à deriva, longe do alcance da pessoa que costumava arrasá-los.

Finalmente eu estava no comando da minha vida, do meu futuro.

Nesse período de recalibragem, meus amigos se reuniram e falaram com franqueza a respeito do que viram acontecer comigo. "Graças a Deus você está de volta", me disseram, e era verdade, embora eu voltasse muito lentamente a ser a jovem ainda geniosa, mas ainda assim mais sábia do que tinha sido quando conheci a DM aos 25 anos.

Agora ia poder sucumbir por completo ao meu interesse renovado por homens, minha curiosidade pelos corpos masculinos e meu desejo de companhia masculina. Queria redescobrir o gênero com o qual tive pouco a ver durante a maior parte dos dez anos anteriores. Os homens tinham se tornado estranhos para mim; queria me aproximar deles de novo. Mas quem eram eles e como encontrá-los? Foi bem fácil. Reingressar no mundo heterossexual era bem diferente de descobrir a cena queer clandestina uma década antes, quando você seguia as pistas que ouvia por aí e acabava em clubes nos porões ou nos andares de cima dos bares. O mundo heterossexual era considerado normal, abarcado por todos os setores da sociedade. Foi estranho me ajustar a uma cultura na qual podia ser fisicamente afetuosa com um namorado em público sem me preocupar com a reação alheia. Não que os homens com quem me envolvi quisessem ficar de mãos dadas comigo na rua; vários deles vinham de culturas como do Senegal, Nigéria e Gana, onde os códigos para os casais são muito diferentes dos da Grã-Bretanha, e, para ser sincera, muitos deles nunca chegaram a sair na rua comigo.

Minha casa era meu santuário, minha prioridade era minha escrita, e meu estilo de vida precisava se adequar à minha recém-descoberta ambição criativa de me tornar uma autora publicada. Por sorte, nenhum dos homens com quem me envolvi queria perturbar meu equilíbrio passando muito tempo no meu espaço, mesmo quando eu queria que passassem. Depois dos primeiros anos de encontros casuais, eu desejava um relacionamento de verdade — mas não conseguia. Em geral era procurada para sexo casual, embora os homens envolvidos omitissem essa parte de mim, ou tivessem várias ficantes ao mesmo tempo, como eu descobriria vezes sem conta. Era pedir demais querer fazer coisas comuns como, digamos, se encontrar uma vez por semana para jantar fora ou ir ao cinema? Teria gostado até de um passeio no parque. Minhas amigas heterossexuais mais experientes, que nunca fizeram nenhuma pausa nas relações hétero, disseram que eu era ingênua nas minhas escolhas. O radar delas era melhor que o meu. Fiquei fora de campo tempo demais, elas disseram, e não reconhecia os sinais. Elas estavam certas, é claro, e, como agora estava na casa dos trinta e não no final da adolescência, encontrar homens que quisessem relacionamento sério se revelou um problema, porque a oferta do tipo de homem que quer se comprometer diminui à medida que a idade da mulher aumenta.

No espírito do meu novo estilo de vida, parei de me apresentar como uma sapatão andrógina, com o cabelo curto, ou raspado nas laterais com *dreadlocks* florescendo como um clorofito no topo da cabeça. Optei pelo visual hétero completo, do meu próprio jeito, deixei o cabelo crescer em longos cachos, vestia as saias que mencionei antes para distrair meu chefe quando ele estava irritado comigo e até usava blusas no lugar de camisas. Os homens reagiam a mim de um jeito diferente: reparavam em mim pela primeira vez em dez anos. Tinha a aparência que as mulheres "deviam" ter — *feminina*, um conceito que manteve as mulheres reprimidas por eras, mas é isso, eu tinha entrado no jogo. Ao me vestir de acordo, conhecer homens *per se* não era o problema — em festas, concertos, bares, clubes, teatros, em qualquer lugar e em todo lugar.

Um ficante, um poeta que havia sido um preso político, morava num apartamento em King's Cross. Ele tinha um arco-íris de pacotes de preservativos disposto acima da cama, símbolo de sua *raison d'être*, logo descobri. Ele mesmo foi direto quanto a isso, já que assumia que tinha vários casinhos ao mesmo tempo, eu não deveria ter expectativas em relação a ele porque mulher nenhuma seria sua dona jamais; ele só ia fazer o que quisesse e quando quisesse. Acreditei nele, pois, na única vez em que de fato fomos juntos a um evento social, ele literalmente me largou na porta para buscar novas presas, e em questão de minutos estava conversando com outras mulheres, uma por uma, até que, presumo, conseguiu o que queria. Não fiquei para descobrir.

Um médico residente costumava me visitar tarde da noite, alegando longas horas de trabalho. Pensei que estávamos em algum tipo de relacionamento, até que certa noite o vi entrando num bistrô em Brixton num encontro com outra mulher. Confrontado, ele disse que não estávamos de fato juntos, apesar das visitas semanais ao meu apartamento. Nossa compreensão dos encontros noturnos era sem dúvida diferente. Houve o banqueiro que costumava me chamar para ir ao seu apartamento em Chelsea nas primeiras horas da manhã, e eu corria para lá. Uma vez, descobri que ele tinha dado uma festa na noite anterior, para a qual eu não tinha sido convidada. Em outra, havia uma meia-calça debaixo da roupa de cama. Ele não achou que a meia-calça fosse um problema. Discutimos e nos separamos.

Minhas amigas estavam certas, eu estava agindo como uma adolescente ingênua quando devia ter tido mais noção e escolhido melhor. Achei que tivesse um relacionamento com o Mítico, de aparência heroica, que vivia no norte da Inglaterra. Eu o via poucas vezes e sentia muita falta dele, mas parecíamos uma combinação perfeita em muitos aspectos, com o mesmo senso de humor e os mesmos interesses.

Achava que ele me traía durante suas visitas a Londres. Ele saía para visitar amigos e só voltava de manhã. Eu não tinha ideia de onde ele estava e passava a noite em posição fetal na cama, chorando. Tinha sido fácil expressar nossos sentimentos quando eles eram apenas positivos, mas impossível quando precisávamos acomodar diferenças. A indignação dele quando finalmente me atrevi a desafiá-lo, da última vez que se arrastou para o meu apartamento ao meio-dia — as mentiras, o fim. Eu havia passado o relacionamento todo ansiando, e achava que ansiar era o mesmo que estar apaixonada.

Por um breve período após o fim do relacionamento, sempre que nossos caminhos se cruzavam, nós transávamos — ou, como ele disse depois de uma rapidinha num hotel qualquer, éramos animais se acasalando: "Eu conhecia o seu cheiro e você o meu", ele escreveu. Não era assim para mim. Era só sexo, sem envolvimento emocional, e não era isso que queria dele. Porém eu tinha agido do mesmo jeito quando dormia com mulheres que queriam mais de mim quando eu tinha vinte e poucos anos. Ficava tão irritada por ter cedido ao seu charme quando ele ia embora, revigorado, atrás da próxima conquista, me deixando esvaziada.

Sempre ambiciosos, bem-sucedidos — esses homens iam e vinham, atraentes durante um tempo até não serem mais. Se houve por perto homens que não eram machos alfa aventureiros, que poderiam ter oferecido estabilidade e monogamia, não os notei.

Nesse estágio, eu estava embarcando em cursos de desenvolvimento pessoal, porque percebi que ainda carregava muita bagagem negativa relacionada aos homens. Fiz listas de algumas das minhas crenças ligadas a relacionamentos, com o objetivo de reconhecer de que forma elas estavam me atrapalhando. Exemplos: relacionamentos não duram; dou mais do que recebo; não há ninguém para mim; os homens são emocionalmente inacessíveis; a maioria dos homens é sexualmente egoísta; relacionamentos consomem sua energia; casamento é prisão.

Reler essas listas escritas em meados dos anos 1990 me faz lembrar do processo pelo qual passei para achar o homem certo para mim; tinha que tentar me livrar das crenças negativas residuais a meu respeito e a respeito dos homens e de relacionamentos. Funcionou, mas só até certo ponto, porque ainda não estava atraindo homens que fossem bons para mim, ou que quisessem sossegar.

Por volta dessa época, eu às vezes visitava médiuns, porque queria um atalho para o meu futuro, e queria sobretudo saber quando o Cara Certo ia entrar na minha vida. Os médiuns que visitei eram, é claro, bons em prever que o Cara Certo estava logo ali na esquina. Me juntei a um grupo em Battersea para um encontro em que a organizadora, supostamente uma supermédium, nos fez muitas perguntas, cujas respostas ela usou para falar das nossas vidas, como se não lembrássemos de ter lhe fornecido exatamente a mesma informação trinta minutos antes.

Em retrospecto, esses namoricos e relacionamentos com homens que estavam emocional ou fisicamente indisponíveis (ou ambos) me concederam o tempo que eu precisava para me dedicar à minha escrita. Não tenho certeza de que conseguiria ter vivido intimamente com um parceiro naquela época e conciliado isso com a carreira. Não estava preparada para comprometer um estilo de vida que me permitia escrever a qualquer hora do dia ou da noite, ou viajar para o exterior em turnê sem me preocupar em deixar alguém sozinho ou me sentir pressionada a ficar em casa.

Ao me preparar para escrever este livro, desenterrei algumas cartas que escrevi para mim mesma como um registro da minha vida em momentos específicos. Uma delas foi escrita alguns meses depois que meu pai morreu, em 2001. Abri-a e percebi que havia me esquecido do quanto a morte dele tinha me atingido. Escrevi,

> Desde que o Papai morreu me sinto tão deprimida, tão terrivelmente, terrivelmente deprimida — como se não tivesse nada pelo

que viver e a minha solidão nunca tivesse sido tão aguda. Mal consigo ver o lado positivo, coisa que sempre me deu forças... Sinto que os últimos dez anos foram uma década de solidão, nenhum relacionamento realmente satisfatório... sempre passando a maior parte do tempo em casa sozinha, sozinha, dez anos sozinha, e eu me culpo. Ao meu redor vejo pessoas em relacionamentos, mas sou incapaz de encontrar alguém para mim, e me sinto tão horrível, tão desesperada, pensando que vai ser assim para o resto da minha vida — solidão.

Não tenho lembrança da profundidade dos meus sentimentos, mas aí está, na minha caligrafia — tinta azul sobre papel branco.

Quando conheci o homem que se tornaria meu marido, tudo se encaixou. Nos encontramos em 2005 num site de namoro. Naquele tempo, os sites de namoro ainda estavam se popularizando e as pessoas desdenhavam deles. Alguém me disse que eu era uma otária por me inscrever em um. Antes de conhecê-lo, terminei um relacionamento que não estava indo a lugar algum porque queria liberar espaço para alguém novo. Decidi abandonar todos os requisitos superficiais que eu achava necessários num relacionamento, do jornal que o homem ideal lia até o gosto musical dele. Com critérios reduzidos a alguns itens básicos: faixa etária, altura (alto), interesse pelas artes, sem filhos, morador de Londres, logo conheci o David. Nos conectamos e trocamos e-mails e eu o achei engraçado, inteligente e criativo, e nossas personalidades se sincronizaram com harmonia. Ele também era bem confiável, o que achei muito atraente depois de um histórico de cafajestes vacilões.

Percebi a diferença entre alguns dos homens negros que namorei, que viviam em países de maioria branca e tinham desenvolvido uma casca grossa, e David, um homem branco de classe média, que vive num país que de modo geral o aceita antes mesmo de ele abrir a boca para falar e, quando ele fala, o respeita automaticamente. Ele nunca vai ser assediado pela polícia ou seguido em lojas.

Seis meses depois de nos conhecermos, fomos morar juntos, e fiquei preocupada se a coabitação afetaria meus padrões de trabalho, mas não houve nenhum problema para qualquer um de nós no que se refere a conciliar nossos horários de trabalho e o relacionamento.

Uma amiga casada certa vez me disse que tinha descoberto que o casamento era sinônimo de liberdade, não de aprisionamento, o que era o oposto do meu próprio sistema de crenças. No entanto, quando me casei com David, tendo sido declaradamente contra o casamento durante a maior parte da vida, entendi o que ela quis dizer. Antes de David, eu havia tido principalmente relacionamentos insatisfatórios ou períodos em que estava atrás de relacionamentos, o que consumia energia emocional e ocupava um bom espaço mental. Percebi que assumir um compromisso público e legal com David pelo casamento tinha me deixado livre para seguir em frente com outras áreas da minha vida — das quais a mais importante é a escrita.

Quatro

fēoþer (inglês antigo)
four (inglês)
mẹrin (iorubá)
a ceathair (irlandês)
vier (alemão)

arte dramática, comunidade, performance, política

E assim meus relacionamentos com homens essencialmente inadequados começaram e terminaram, até que encontrei minha alma gêmea. No meio-tempo, minhas amigas mulheres — confiáveis, inabaláveis, comunicativas, solidárias — me sustentavam e me impediam de afundar emocionalmente, e vice-versa.

Hoje em dia tenho amigos homens e mulheres, mas minhas amigas têm estado aí há mais tempo, uma delas há cinquenta anos. Um surpreendente meio século de amizade. Minha mãe foi mais longe — sua amizade mais longa durou 83 anos.

Depois que deixei a DM e antes de conhecer David, passei horas no telefone com minhas amigas que também se viam em situações insatisfatórias com homens. Lamentávamos nosso destino e buscávamos o conselho uma da outra, deliberando sobre o que estava ou não acontecendo na nossa vida amorosa. Muitos dos homens com quem nos envolvíamos não faziam confidências, eram emocionalmente ignorantes e se tornavam irascíveis quando tentávamos fazer com que se abrissem. Tínhamos que tentar adivinhar o que se passava com eles. As conversas que devíamos ter com nossos homens — sobre insinuações de desejos conflitantes, necessidades não satisfeitas, mal-entendidos e suspeitas de traições — nós tínhamos umas com as outras.

Foi através das minhas amigas mulheres que comecei minha carreira no teatro. Em 1982, me formei na Rose Bruford College, tendo feito o curso de artes cênicas comunitário (Community Theatre Arts — CTA). Com Paulette Randall e Patricia St. Hilaire — duas grandes amigas da faculdade —, montei o Teatro das Mulheres Negras, a primeira companhia de teatro como essa na Grã-Bretanha. Sem nossa amizade como ponto de partida, a companhia nunca teria surgido.

A faculdade estava idilicamente localizada numa casa enorme à beira de um lago num parque em Sidcup e tinha um corpo discente de cerca de duzentos alunos. No ano em que fui admitida, foram aceitos cerca de 24 alunos, com cinco mulheres negras pioneiras entre eles. Isso era radical para uma escola de teatro, e o curso do CTA era radical na sua missão de preparar atores que também produziriam "teatro comunitário", termo usado para descrever o teatro por, para e sobre grupos sociais que tinham sido deixados de fora da cena dominante do teatro.

Meus três anos lá foram o equivalente da construção da minha identidade feminista — já que tive a oportunidade de trabalhar com teatrólogas feministas pioneiras, muitas das quais trabalhavam nas companhias de teatro de mulheres que tinham ajudado a fundar. Elas deixaram as próprias produções de lado para saltar de paraquedas nos nossos espetáculos e nos dirigir, encorajando a próxima geração.

No início dos meus anos de estudante, eu era bem feminina, o cabelo dividido em tranças soltas adornadas com contas coloridas, que balançavam e tilintavam de forma melodiosa toda vez que eu movia a cabeça, mas saí parecendo uma sapatão caminhoneira. Ou pelo menos é o que mostra a foto da turma do último ano. Na verdade, eu não era uma sapatão caminhoneira, porque conheci algumas e, acredite, eu era *femme* em comparação. De qualquer maneira, esses termos binários de "caminhoneira" e "*femme*" também já estavam saindo de moda, à medida que a sexualidade cada vez mais era percebida como fluida em vez de estática.

O curso também foi formativo para minha identidade como mulher negra porque, pela primeira vez na vida, eu estava conhecendo outras mulheres negras além das minhas irmãs.

As escolas de teatro são laboratórios intensos que exigem um alto grau de questionamento individual e em grupo. Até certo ponto, o eu espontâneo é desmantelado para que você possa ser reconstruída com uma compreensão mais profunda de quem você é, o que, por sua vez, permite que você crie personagens convincentes — ou assim diz a teoria. A frequência era diária e obrigatória, e o curso, inteiramente prático. Não nos sentávamos em auditórios, mas nos comprometíamos com uma agenda lotada de oficinas sobre movimento e voz, atuação e concepção, ensaios e produções. Nós, alunos, passávamos o dia todo interagindo juntos e conhecendo uns aos outros a fundo. Como consequência, amizades significativas se estabeleciam depressa.

Paulette e Patricia eram personalidades maiores do que eu — mais assertivas e loquazes, com um senso de humor ótimo. Eu era mais quieta, a tal ponto que meus colegas me descreviam como "legal, calma e controlada". Isso foi uma surpresa para mim porque contrastava com o que eu sentia por dentro. Eu estava no limiar da idade adulta e ainda tentando me encontrar, como todos os outros.

Paulette era uma piadista hilária e bon vivant, enquanto Patricia era uma líder carismática que resolvia qualquer coisa com uma conversa. Elas tinham crescido em famílias caribenhas e estavam muito mais enraizadas na cultura dos pais. As primeiras festas afro-caribenhas de que participei foram na casa da família de

Paulette em Clapham, a sala de estar desobstruída para dançar, reggae e soul explodindo nos alto-falantes e comida jamaicana deliciosa fumegando no fogão na cozinha. Patricia era de Hackney, onde parecia conhecer todas as pessoas negras da área. "Cê tá bem?" era o cumprimento dela quando passávamos por pessoas na rua, e "Té mais", a despedida. Se visse uma pessoa negra que não conhecesse, ela faria o "*black nod*" — um sutil movimento de cabeça para cima. O reconhecimento de estranhos era novo para mim, e a ideia de comunicar solidariedade com um aceno de cabeça foi uma revelação. Em pouco tempo, eu mesma adotei o gesto, que me ajudou a sentir que me encaixava. A garota da "Woolwich Branca" gostou de estar *au fait* desse código local.

Aquele era um mundo novo para mim, e ficava fascinada com a imersão de Paulette e Patricia em comunidades negras — ao passo que eu havia tido uma educação tão diferente. Aprendi um bocado com elas.

Durante três anos, desenvolvi minhas habilidades de atuação e produção teatral, e atuei em peças e em improvisações em grupo sobre questões atuais como a falta de moradias, que pesquisávamos previamente. Isso incluiu visitar um albergue de mulheres sem teto na rua Greek, no Soho. Fiquei chocada com a imundície dickensiana do lugar. Hoje, é um clube privado.

Se eu tivesse estudado em um curso de teatro diferente, em que o foco fosse apenas a capacidade de atuação em vez de a produção teatral, teria emergido em uma profissão em que as opções disponíveis para mim, como atriz negra, atriz mulher e negra e, sejamos sinceros, atriz mulher de qualquer raça, eram tão limitadas que eu provavelmente teria desistido da profissão muito cedo. Em vez disso, me senti preparada para aceitar o desafio de criar minha própria companhia de teatro com minhas amigas.

Em um curso de teatro mais tradicional, eu provavelmente também teria sido escalada para papéis menores — o destino de muitas das atrizes negras e asiáticas que conheço, até recentemente, e, o que é uma vergonha, talvez até mesmo hoje. E, no entanto, recebi papéis exigentes para desempenhar, como Lady Macbeth e Mack the Knife na *Ópera de três vinténs*, para a qual cantei e toquei saxofone — ambos muito mal.

Era inevitável que nós, cinco mulheres negras, trabalhássemos juntas na exploração da raça e do gênero que personificávamos. Criamos uma peça chamada *Enfrentamento*, uma exploração dos relacionamentos de mulheres negras com homens negros. Foi dirigida por uma diretora negra que havia sido trazida especialmente para nós. Fizemos uma turnê de *Enfrentamento* por espaços comunitários, e isso nos confirmou que havia uma demanda por teatro que explorasse a pluralidade das histórias das mulheres negras.

Pouco tempo depois da formatura, Patricia e eu interrompemos com vaias uma das produções dessa diretora em um teatro de Londres porque levantamos objeções ao retrato estereotipado de um personagem gay. Nosso comportamento foi, é claro, uma traição horrível. Por que vaiar uma peça de outra mulher negra, que ainda tinha gentilmente nos orientado? Se tínhamos um problema com aquilo, deveríamos tê-lo discutido com ela em particular.

Vejo agora que, quando jovem, meu feminismo era só fachada. Estava possuída do fervor de uma fênix e tinha aprendido a retórica, mas ainda não havia me analisado o suficiente para viver de acordo com meus valores. Uma compreensão mais profunda do feminismo se desenvolveria ao longo dos anos. Se as redes sociais já existissem quando eu tinha vinte e poucos anos, é provável que tivesse sido uma das pessoas que chamo de "Lobos Raivosos da Twittersfera", atacando qualquer um que discordasse da minha política e me recusando a levar qualquer nuance em conta. Estava furiosa com as injustiças da sociedade, era inabalável nas minhas convicções políticas e me achava a superioridade moral encarnada. O Twitter é a plataforma perfeita para quem vive indignado, que deseja expressar suas opiniões por meio de declarações curtas e sem ter que se envolver em discussões reais ou defender posições. Ainda assim, hoje, quando as pessoas são responsabilizadas por postagens feitas em redes sociais quando eram bem mais jovens, sinto pena delas. Nós amadurecemos; somos todos capazes de mudar.

No nosso último semestre na escola de teatro, Patricia, Paulette e eu tivemos peças de teatro breves encenadas no "Festival de Escritores Negros", no Royal Court Theatre. Estávamos empolgadas por termos sido selecionadas para nossas peças serem produzidas num teatro tão importante. Minha peça era um poema dramático polivocal chamado *Abrindo caminho*, que só posso descrever como um drama de versos raivosos baseado na minha infância. A peça de Paulette, *Pescando*, colocava os holofotes sobre duas garotas adolescentes, e a peça de Patricia, *Só mais um dia*, dramatizava uma relação entre mãe e filha.

No entanto, o festival Royal Court não significava um ambiente de teatro mais inclusivo, e no período em que nós, três mulheres, ansiávamos por deixar a faculdade, o futuro parecia sombrio. Sabíamos que mulheres negras raramente eram escaladas para produções — teatro, televisão, cinema —, e, quando eram, os papéis com frequência eram insignificantes e aviltantes. Isso foi décadas antes do *casting* inclusivo se tornar prática regular em toda a indústria e revolucioná-la. Éramos politicamente muito conscientes das questões envolvidas na representatividade de mulheres negras para querermos nos colocar no mercado de trabalho para atores e, para ser sincera, nós nos achávamos demais, e quero que isso soe tão imponente quanto parece. Todas as mulheres jovens deveriam se achar e se sentir empoderadas para criar o futuro que desejam.

O Teatro das Mulheres Negras, cujo próprio nome fazia uma declaração audaciosa de propriedade e intenção, foi a solução que encontramos para moldar nosso próprio destino e fazer com que as vozes das mulheres negras fossem ouvidas no teatro. Tínhamos sido treinadas para pensar além dos nossos próprios interesses, para sermos atrizes e produtoras de teatro altruístas, então, embora quiséssemos uma plataforma para nossa própria criatividade, também estávamos empenhadas em fazer a diferença para nossa comunidade.

Nosso primeiro trabalho foi um convite para participarmos de um festival internacional de Teatro de Mulheres na Melkweg, em Amsterdam, em 1982, o mesmo festival onde conheci eX. Escrevemos e atuamos em três espetáculos de uma só mulher que deram certo, e fiquei zonza por estar cercada por tantas mulheres poderosas que faziam teatro. Voltamos para casa para levar a companhia adiante, mas, embora tivéssemos sido treinadas para atuar e escrever para o teatro, não tínhamos conhecimentos de gestão artística ou de negócios. Trabalhávamos como uma equipe, meio atarantadas, levantando fundos, administrando orçamentos e colaboradores e produzindo espetáculos.

Na época, eu morava em New Cross, mas logo me mudei para Islington. Paulette deixou a companhia bem cedo para se tornar estagiária de direção no Royal Court, e desde então tem desfrutado de uma longa carreira como diretora de teatro e televisão.

Nossas duas primeiras peças de longa duração foram dramas psicológicos: *Silhueta* (1983), que girava em torno do encontro entre uma mulher multirracial dos tempos atuais e uma mulher que havia morrido como escrava no Caribe duzentos anos antes, e *Pyeyucca* (1984), sobre uma mulher reprimida cujo alter ego rebelde é personificado no palco por uma personagem chamada Pyeyucca.

Patricia e eu trabalhamos juntas nesses roteiros, adiando fazê-los até o último minuto porque a tarefa era gigantesca: a peça havia sido financiada, o espaço de ensaio e a equipe de produção, reservados, e uma turnê de seis meses, agendada e divulgada. Só precisávamos de um roteiro!

Lembro do pânico que sentia quando tinha um prazo a cumprir, mas também acho que precisava sentir pressão extrema para escrever. Ainda sou assim de vez em quando — não quando estou escrevendo um texto longo, como um livro ou um ensaio extenso, mas com meus escritos jornalísticos mais curtos. Posso ter semanas até a data de entrega, mas só vou começar algumas horas antes do prazo final.

Nossas produções se caracterizavam por uma mistura experimental de poesia dramática, cenários minimalistas, movimento e música — uma colagem teatral, teatro-poesia. Estávamos determinadas a não seguir qualquer convenção estabelecida pelos nossos antecessores teatrais na Grã-Bretanha, porque na verdade não os tínhamos como modelo. Queríamos criar um teatro que se encaixasse nas histórias que queríamos contar, inspiradas pelo célebre "coreopoema" da escritora afro-estadunidense Ntozake Shange, *for colored girls who considered suicide/ when the rainbow is enuf* [para meninas negras que pensaram em suicídio/ quando o arco-íris é suficiente], que havíamos assistido quando foi transferido da off-Broadway para o West End, em 1979. À medida que a companhia se expandia, encomendamos roteiros de escritores novos — como a primeira peça de Jackie Kay, *Chiaroscuro* (1986).

Dirigir uma companhia de teatro de mulheres negras exigia das protagonistas certa beligerância e obstinação. Minha voz política se desenvolveu pela primeira vez durante aqueles anos de teatro, enquanto travávamos uma longa batalha contra as forças que não queriam que existíssemos. No teatro, como em tantas profissões, as pessoas temem expressar oposição às desigualdades de raça, gênero ou sexualidade, porque isso pode colocar em risco a carreira delas. Os atores, em particular, dependem de bons relacionamentos e reputações para encontrar trabalho numa profissão tão precária. Como Patricia e eu estávamos no comando da nossa própria companhia, não nos importávamos em botar fogo no parquinho. Vestíamos a camisa da política feminista e nos manifestávamos quando era necessário, o que incluía entrar em discussões com homens negros que pensavam que o feminismo era uma doença branca, e que nossa companhia era desnecessária e divisória. Quando éramos criticadas por sermos "separatistas", respondíamos que o establishment da arte favorecia primeiro os homens e depois as mulheres brancas, e que nosso suposto separatismo estava na verdade respondendo ao deles. (De qualquer forma, trabalhávamos com homens e pessoas brancas, sobretudo nos bastidores.)

O núcleo da comunidade artística à qual pertencíamos era formado por mulheres. A companhia não era um coletivo, mas estávamos vinculadas a uma comunidade mais ampla, de modo que não nos sentíamos isoladas e, embora fôssemos marginalizadas por sermos mulheres negras quando estávamos em espaços feministas brancos ou predominantemente masculinos, na nossa própria companhia estávamos no centro da ação.

Em 1986, Patricia encontrou novas oportunidades: escrever para ópera e dança, e trabalhar como instrutora, treinadora e em recursos humanos. Naquela altura, eu havia parado de escrever e atuar para a companhia e passava os dias gerenciando-a. Estava vivendo com a DM, escrevendo poesia altas horas da noite e sendo sugada pelo vórtice dela. Quando um pedido de financiamento importante foi rejeitado, fechei a companhia. Podia ter continuado a batalhar por fundos, mas estava cansada.

O Teatro das Mulheres Negras fez parte de uma onda de mais de 35 companhias de teatro negras e asiáticas que surgiram durante os anos 1980, determinadas a mudar a cultura da arte dramática. No final dos anos 1990, a maior parte dessas companhias havia desaparecido — o que se deveu à perda de financiamento, ou ao fato de que os principais atores estavam esgotados, ou encontraram uma cultura artística comercial mais receptiva aos próprios talentos. Muitas das pessoas que iniciaram a carreira nessas companhias passaram a trabalhar na televisão, no teatro ou no cinema.

Formar a companhia significava assumir o controle da nossa prática artística desde a concepção até a entrega. Como jovens mulheres embarcando em carreiras no meio artístico, não ficamos à espera de sermos escolhidas; fizemos isso acontecer, para nós mesmas e para nossa comunidade. Garimpamos e reimaginamos histórias e exploramos perspectivas, culturas e narrativas que puseram a periferia no centro. Minha atuação junto à companhia se tornou uma das bases dos livros que um dia viria a escrever.

Mas agora quero fazer você recuar ainda mais, até 1972, quando meu envolvimento com o teatro realmente começou...

Naquele ano, aos doze, entrei pela primeira vez no Stage Centre, uma igreja dessacralizada perto da minha casa, onde ficava o Teatro para Jovens de Greenwich (agora Tramshed). Aquele momento mudou o curso da minha vida, porque foi minha introdução ao mundo da arte. Até então, eu nunca tinha ido ao teatro, embora tivesse visto quatro filmes no cinema: *Mary Poppins*, *A noviça rebelde*, *O calhambeque mágico* e *Bambi* (já que você perguntou).

Minha ida ao Stage Centre não foi por mim, na verdade; estava lá para apoiar uma das minhas irmãs, que estava ansiosa para ir, mas que se mostrou tímida demais para participar e passou a noite inteira escondida no banheiro. Eu me joguei sem pensar duas vezes, gostei de correr em círculos fingindo ser diferentes animais, fiz amigos rapidinho e passei o resto da minha infância lá, participando de oficinas toda semana, que custavam uma quantia simbólica e acessível. Uma vez por ano montávamos uma apresentação para o público. A maioria dos jovens não queria se tornar artista, diferente do que se vê num teatro ou numa escola de arte dramática, mas participavam porque era um passatempo interessante e agradável. Meu pai achava que era um lugar seguro frequentado por uma garotada bacana, e é por isso que permitia que eu ficasse lá, quando em geral não estava disposto a nos deixar ir para lado algum. Sim, era uma garotada bacana, mas ele não tinha ideia de que desde os treze anos eu parava no bar para beber metade de um *shandy* e fumar um cigarro com meus amigos antes de ir para casa. Naquele tempo, ninguém questionava menores de idade bebendo, sobretudo se você fosse alta e parecesse mais velha.

Na maior parte do meu tempo lá, eu era a única criança negra, mas isso parecia insignificante. Ninguém me tratava de forma diferente. Se você é tratada em pé de igualdade, então a cor da sua pele é só isso — uma cor. Eu simplesmente fazia parte do grupo e era aceita. Em muitos aspectos, aquele era o refúgio de pessoas singulares, um lugar sagrado onde nos reuníamos, sabendo que não esperavam que nos conformássemos às normas da sociedade; podíamos ser nós mesmos sem medo de sermos intimidados ou levados a acreditar que éramos estranhos.

Crianças de todas as classes participavam, e em geral passávamos bastante tempo juntos sem essas barreiras entre nós, pelo que pude perceber. Era raro ver um jovem sendo cruel com outro.

Lembro de uma garota muito chique que apareceu com um grupo de amigas igualmente chiques; ela me repreendeu com hostilidade em uma sessão de brainstorming em que tínhamos que apresentar ideias de improvisação. É incrível o que uma pequena viagem no tempo é capaz de desenterrar na escrita deste livro — de repente tenho treze anos de novo e lembro da dor que senti quando ela me disse, com sotaque entediado e arrogante, que minhas ideias, com as quais eu estava muito empolgada, eram na verdade muito bobas. Felizmente ela foi a exceção e não ficou por muito tempo, embora suas palavras tenham ficado.

Refletindo sobre isso, é provável que tenha sido a primeira e talvez a última vez que me senti inferior lá.

Lembro de me misturar ao cenário, mas quando fotos das apresentações ressurgiram, há pouco tempo, vi que recebi bons papéis e que me colocaram no centro das atenções. Não é assim que me lembro, mas as fotos são prova disso. Ah, memória volúvel! De qualquer modo, imagino que a filha do meio dentro de mim deve ter gostado da atenção.

Quando eu tinha catorze anos, John Baraldi chegou ao teatro juvenil para transformar a vida de muitos de nós com seu otimismo e energia. Usando macacão e tamancos, o que achávamos muito legal e que mais tarde imitei, ele fez uma turnê com a gente para Derbyshire. Foi só por um fim de semana, mas adorei a liberdade de estar longe de casa com os amigos pela primeira vez. Ficamos acordados até tarde numa festa, e minha amiga Jenny Le Merle e eu aprendemos a fazer a "dança da mãozinha" depois de ver um cara "descolado" fazer movimentos ondulantes e intricados com as mãos enquanto seu corpo ficava relativamente parado. Achamos a dança da mãozinha extraordinária e a levamos de volta para Londres. Por alguns anos depois disso, sempre fazíamos a dança da mãozinha nas festas, nos sentindo um pouquinho superiores aos "dançarinos de corpo inteiro". Nunca nos perguntamos por que aquilo não pegou.

1. Adoro essa fotografia tirada na Nigéria há mais ou menos cem anos. As duas garotas são Maria e Alexandra, irmãs mais velhas do meu pai, filhas da primeira esposa do pai dele. A da esquerda se parece bastante com o meu pai. A irmã gêmea dele, Juliana Kehinde Obafunmi, morreu ao dar à luz, antes de ele migrar para a Grã-Bretanha em 1949. Não sei mais nada a respeito das minhas tias perdidas.

2. Zenobia Evaristo (falecida em 1967), minha avó, provavelmente no dia do casamento dela, na década de 1920. Nunca a conheci, e a vi como minha guia espiritual durante muitos anos graças a essa fotografia maravilhosa.

3. Gregorio Bankole Evaristo (falecido em 1927), meu avô — irradiando poder, autoridade, estilo e uma aura de "não se metam comigo". Ele era um agudá, da geração dos africanos emancipados que imigraram de volta para a África após a abolição da escravatura no Brasil na data tardia de 1888. Morreu antes de o meu pai nascer. Mais um fio perdido da história da minha família.

4. Os pais da minha mãe: Margaret Ellen Brinkworth, nascida Burt (1905-1986), e Lesley Brinkworth (1905-1955), que morreu pouco antes do nascimento do seu primeiro neto. Ambos eram britânicos, mas a mãe de Nana era irlandesa e a mãe do meu avô era metade alemã. Há também alguma herança escocesa e norueguesa na história da minha família a partir da ascendência de ambos.

5. O grande dia em que o AMOR triunfou. Camberwell, 1954.

6. Acima: a autora quando era um pacotinho, 1960. Abaixo: a única fotografia de todos os oito filhos juntos. Eu sou aquela com uma cara realmente diabólica, anos 1960.

7. Acima: minha primeira comunhão aos sete anos. Meu par mal pode esperar para se livrar de mim. Abaixo: do lado de fora da casa da minha infância com minha irmã mais nova, Charlotte, que teve de suportar a minha miniditadura no nosso quarto compartilhado, 1972.

8. Salve Bernie! Ela deve ser adorada! Imagino que essa produção do Teatro para Jovens de Greenwich, sobre antigos pagãos britânicos, provavelmente me subiu à cabeça. A garota com o rosto visível está usando maquiagem azul para simular o corante da planta pastel-dos-tintureiros, que os celtas usavam como pintura de guerra, 1974.

9. Meu último ano na escola com as colegas Sue Keys, Pat Edwards e Julia Scholte. A senhorita Evaristo da Casa do Subúrbio está usando um casaco de lã, um suéter e um cachecol de parar o trânsito, que ela mesma desenhou e tricotou, sem nenhum padrão, principalmente porque não conseguia seguir instruções. Ela ainda não consegue.

10. Foto tirada por Hilary Smith numa tarde, quando estávamos fazendo algazarra no jardim da casa da minha família em vez de revisar o conteúdo para as nossas provas. Outra colega de escola dessa época recentemente me lembrou que eu sempre dizia que ia ser famosa, o que eu tinha esquecido, é claro. 1977.

11. Graduada da escola de teatro olha por entre os lençóis em um varal e avalia o futuro à sua frente. Seu eu mais velho reflete que seu eu mais jovem não fazia a mínima ideia de porra nenhuma — mas de qualquer maneira sua aparência estava fantástica. Fotografada por Jenny Le Merle na casa que dividíamos em New Cross, 1982.

12. Com a eX na noite em que nos conhecemos na Melkweg, em Amsterdam, 1982.

13. Enrolar *dreadlocks* era um negócio sério no início dos anos 1980, antes que cabeleireiros especializados fizessem isso para você; e jovens mulheres que ostentavam *dreadlocks* para estar na moda escolhiam o estilo como um ato de rebelião contra as normas da beleza branca. As pessoas achavam que você era estranha, perigosa e que não lavava o cabelo. Com Patricia St. Hilaire em um trem, 1983.

14. Primeira versão de *Lara*. Parecendo séria; sonhando grande. 1997.

15. Acima: a turnê da antologia de poesia Bittersweet; primeira fila, da esquerda para a direita: Raman Mundair, Ela Mesma, Malika Booker, Patience Agbabi; segunda fila, da esquerda para a direita: Janet Kofi-Tskepo, Dorothea Smartt, Karen McCarthy Woolf, Parm Kaur, Khefri Riley, Vanessa Richards. Foto por Lyndon Douglas Photography, cortesia de Melanie Abrahams da organização Renaissance One. Cobden Club, Ladbroke Grove, 1999. Abaixo: uma das melhores coisas a respeito de festivais literários e feiras de livros é que você pode conversar com outros escritores e colegas da literatura; da esquerda para a direita: Biyi Bandele, Ela Mesma, Colin Channer, Melanie Abrahams, Courttia Newland, Kwame Dawes. Feira do Livro de Miami, 1999.

16. Ela Mesma e Ele Mesmo no Fruitstock Festival, Regents Park, Londres — o ano em que nos conhecemos, 2006.

17. Não fiz sucesso da noite para o dia, mas tudo mudou de um dia para o outro. Com Margaret Atwood, cerimônia do Booker Prize, Guildhall, 14 de outubro de 2019.

No verão escaldante em que completei dezesseis anos, John nos levou em turnê para Tønsberg, na Noruega, a coisa mais emocionante que já tinha acontecido comigo. Antes disso, minha única ida ao exterior havia sido uma viagem de balsa de um dia para a Boulogne, na França. Lá estávamos nós — doze adolescentes viajando para longe de casa, passando por trens, barcos e pela Dinamarca —, nos sentindo livres e sendo tão selvagens quanto podíamos.

Em Tønsberg, Jenny e eu ficamos com uma garota da nossa idade na espaçosa casa de madeira da família dela, que achei fascinante porque até então só tinha visto casas de tijolo. Eles também tinham dois carros estacionados do lado de fora, o que fazia ela parecer muito rica. Uma família com dois carros é bastante normal na Grã-Bretanha hoje em dia, mas naquela época não era. Aliás, quando vejo fotografias de ruas residenciais do início dos anos 1970, inclusive a rua da casa da minha infância, quase não há carros na frente das casas.

Tudo era tão exótico na Noruega — o banquete de café da manhã, o leite em caixas em vez de garrafas de vidro, suco de frutas de verdade no lugar de suco concentrado, sem falar que amei os interiores escandinavos minimalistas e estilosos. Naquela época, a influência da Habitat ainda não tinha se estendido além de Chelsea, e pelo menos dez anos passariam até que a moda dos móveis florais começasse a ser deflorada pela IKEA. Fiquei impressionada com a proliferação de loiras na Noruega, enquanto os noruegueses ficaram impressionados com meu cabelo e tocavam meu afro maravilhados. Adorei os campos e os fiordes deslumbrantes, as festas a que fomos tarde da noite na floresta em torno de uma fogueira, depois de escapulir pela janela dos nossos anfitriões, e a peça que encenamos no topo de uma colina, no meio de algumas ruínas antigas, à medida que o sol se punha.

Minha sede de viagens internacionais, que comecei a explorar a partir dos meus vinte anos, começou com esse passeio, minha primeira experiência propriamente dita com uma cultura estrangeira.

Entrando para a "classe artística" pela via do teatro juvenil, passei a usar roupas extravagantes, que, aos dezesseis anos, refletiam o espírito rebelde crescendo dentro de mim como um maremoto que eu não conseguia deter. Agora começava a assumir minha condição de outsider por vontade própria, me afastando da jovem autoconsciente que olhava para a calçada e não para a frente, ou que lia um livro a caminho da escola, e começava a me tornar uma exibicionista customizada, que se afirmava visualmente e com veemência. O teatro e a atuação me deixaram determinada a expressar minha personalidade em uma cultura na qual as mulheres deveriam se conformar e, se a gente fosse se destacar, tinha que ser como objeto do desejo masculino — uma beleza sexualizada que "fazia o trânsito parar", e não como alguém que desrespeitasse os códigos de uniformidade da vestimenta "feminina". As mulheres negras dos anos 1970 tendiam a se vestir de forma conservadora — saias, blusas, blazers, sapatos de salto alto — para parecerem respeitáveis, aceitáveis. Mas o fato era que nunca íamos nos assimilar, não naquela época. Tínhamos a cor de pele errada.

Nos meus dois últimos anos no colégio Eltham Hill para garotas, fomos autorizadas a abandonar o uniforme e a usar nossas próprias roupas. Comecei a me pavonear de um lado para o outro com as roupas que eu mesma fazia, já que minha avó e uma de suas irmãs haviam me ensinado a tricotar, costurar e fazer crochê quando eu era mais nova. No mesmo espírito das peças e livros que um dia viria a escrever, decidi criar aquilo que acreditava que precisava ter na minha vida. Nesse caso, minha *pièce de résistance* era um casaco comprido e listrado de tricô, um suéter listrado multicolorido de tricô, um cachecol multicolorido de tricô, uma boina vermelha inclinada bem faceira sobre meu afro, meias com desenhos "inca", de tricô, e uma saia jeans de retalhos comprada numa loja, tudo arrematado por sapatos brancos de sapateado. (Talvez as meias fossem um pouquinho exageradas.)

A mãe de uma amiga sugeriu que eu moderasse meu senso excêntrico de moda, porque fazia eu me destacar demais; eu ia ser alvo de racistas. Ri dela, do mesmo jeito que faço com maus conselhos hoje em dia. Não ia me diminuir — me tornar invisível — a fim de tentar viver uma vida livre de riscos.

Eu morava na mesma rua que George O'Dowd, antes de ele se tornar o astro Boy George, cujo estilo andrógino era extraordinariamente excêntrico. Nunca nos conhecemos, mas nossos pais sim. David Bowie, que havia crescido perto de onde estudei, na escola secundária em Eltham, estava abrindo caminho com seu estilo andrógino ultrajante e espetacular. Hoje sou capaz de ver que, como eles, como uma garota suburbana, muito distante dos lugares badalados daquela época, na King's Road ou na rua Carnaby, eu estava afirmando onde, na sociedade, queria me posicionar. No meu caso, em vez de tentar agradar ao Sr. e à Sra. Subúrbio e seus 2,4 filhos, que estabeleceram um "padrão ouro" ao qual eu nunca ia corresponder, minhas roupas eram uma demonstração customizada dos ideais da minha ambição: eu ia chegar longe e mal podia esperar para ficar o mais distante possível deles.

Qualquer um que olhasse para mim naquela época saberia que esta jovenzinha não estava se preparando para trabalhar num local onde seria obrigada a usar algum tipo de roupa de escritório. Era óbvio que eu estava me preparando para ingressar no meio artístico, e a ideia de trabalhar num escritório teria me enchido de pensamentos suicidas. Não muito tempo atrás, um dos meus irmãos me perguntou por que diabos eu me vestia para aparecer quando era adolescente, sendo que todo o objetivo da nossa juventude girava em torno de tentar nos encaixar. Eu tinha a resposta pronta, mas fiquei surpresa por nunca termos de fato tido essa conversa.

Devo reconhecimento ao teatro juvenil por ampliar meus horizontes de todas as maneiras possíveis. Não só me apresentou ao mundo da arte, mas também alimentou minha individualidade, empatia e imaginação dentro de um ambiente coletivo, descontraído e não competitivo, além de ter desenvolvido minha autoestima, autoconfiança e autoconhecimento. Mais ainda, fomos encorajados a pensar por nós mesmos — ao contrário da Igreja Católica em que cresci, onde fomos coagidos a ter fé cega e obediência a uma presença invisível ou seríamos condenados à eternidade no fogo do inferno; ou da escola, onde a professora de inglês deixou claro que a interpretação dela de uma obra literária era a única correta, e assim, para conseguir boas notas, tínhamos que adivinhar o que ela pensava de um poema em vez de elaborar nossas próprias ideias. E, se nos tornássemos um pouco indisciplinados no teatro juvenil, falavam conosco com respeito, ao contrário de casa, onde eu vivia com a ameaça do castigo físico.

Através do teatro juvenil, me tornei uma frequentadora ávida de teatro, uma paixão que nunca diminuiu. Consigo me lembrar de todas as mulheres negras que vi em produções teatrais na minha adolescência. Havia tão poucas. Cleo Sylvestre em uma apresentação numa tenda do Teatro Bubble em Blackheath Common, em 1973, foi a primeira, seguida pela atriz alemã Miriam Goldschmidt na produção marcante de Peter Brook, *The Ik*, no Roundhouse, em 1975; por volta daquela época, também vi Brenda Arnau em uma produção musical de *Os dois cavalheiros de Verona*, no West End.

Essas atrizes me fizeram perceber que uma carreira de atriz estava ao meu alcance, ainda mais porque eram todas multirraciais — embora a razão pela qual elas não eram mais escuras provavelmente se devesse ao colorismo. Até bem pouco tempo atrás, atrizes negras de pele mais escura tinham mais dificuldade de serem escaladas do que as de pele mais clara.

Quando introduziram um novo clube de teatro na minha escola, era inevitável que eu participasse, e num instante me tornei a estrela principal, ao lado da minha amiga Hilary Smith. Fui muito bem-sucedida quando interpretei o Capitão Cat em *Sob o bosque de leite*, de Dylan Thomas, que eu adorava por conta da sua sinfonia de vozes poéticas que entravam e saíam flutuando e capturavam fragmentos de vidas galesas comuns numa vila de pescadores. Me senti poderosa interpretando o capitão diante de uma plateia que prestava atenção a cada palavra que eu dizia. Tive a aprovação deles e me senti ouvida, mesmo que as palavras não fossem minhas.

Quando interpretei a linguagem e os ritmos de *Sob o bosque de leite*, procurei descobrir emoções que parecessem autênticas, mesmo que provavelmente não fossem, já que eu era uma londrina de catorze anos tentando se passar por um velho capitão galês, sotaque falso e tudo. Estava explorando minhas emoções não só numa idade em que já é bastante difícil para crianças apenas vivenciá-las, mas também num ambiente intenso e arriscado onde seria avaliada — positivamente, nesse caso. Até a diretora do colégio, uma figura distante e antiquada que era a pessoa mais importante que eu conhecia, elogiou meu desempenho. Foi isso; pela primeira vez percebi que podia ser boa em alguma coisa, um sentimento tão inebriante que decidi me tornar atriz quando crescesse, ambição que depois persegui com determinação obstinada.

Na produção escolar seguinte, fui escalada como Demétrio em *Sonho de uma noite de verão*. O papel que eu achava que deveria ser meu — o poderoso Oberon, Rei das Fadas — foi para Hilary, que estava, reconheço, magnífica no papel. Mas, como resultado, fiquei de mau humor durante todo o período de ensaios e, tenho vergonha de dizer, também de toda a apresentação. Uma diva rabugenta em formação, com certeza.

Naqueles anos de adolescência, fiz a transição de alguém que há muito tempo era transportada para a vida de outras pessoas por meio da leitura de romances para alguém que, através da performance, tentou se metamorfosear em outras pessoas, o que levaria mais tarde ao meu desejo de habitar vidas que não eram minhas ao me tornar escritora de ficção.

Passei a década seguinte, até meados dos vinte, atuando, e agora percebo que, quando você apresenta um texto, você o absorve de um jeito diferente de quando está apenas lendo as palavras em silêncio, ou mesmo em voz alta. Quando você se torna um personagem, encontra a verdade desse personagem e a comunica, geralmente dentro do contexto do relacionamento com outros atores nos ensaios e na performance, você passa a fazer parte de um processo alquímico pelo qual o eu que você conhece e o eu que está se tornando por meio da performance são integrados e emocionalmente conectados. Quando faz isso diante de uma plateia, ao vivo, a experiência pode ser intensificada pela reciprocidade, e as vibrações que ressoam em torno do local de atuação podem ser eletrizantes.

Como contadora de histórias, sou constantemente instigada a compreender e a transmitir a psicologia humana e a habitar a vida dos meus personagens, sentindo-os por dentro, do mesmo jeito que fazia como atriz. Minha inclinação como romancista tem sido escrever narrativas em primeira pessoa e desenvolver as habilidades de ventríloqua necessárias para dar vida a elas. Isso remonta, em primeiro lugar, à época em que era atriz e, depois, à pessoa que também escrevia e interpretava os próprios roteiros.

A coalescência do ato de escrever com a arte da representação teatral enriqueceu minha compreensão das possibilidades de caracterização na ficção, que persiste até hoje.

Além disso, o teatro me deu uma paixão, objetivo e senso de direção quanto ao futuro. Nunca fui uma jovem que não sabia o que queria fazer da vida adulta. O teatro juvenil também forneceu um antídoto para o etos cultural rigidamente conformista da escola, que era alienante para aqueles de nós que nunca iam conseguir se encaixar, mesmo se tentássemos.

Quando tinha quinze anos, uma garota da minha classe realizou um projeto de pesquisa de sociologia em que perguntava a todas as outras garotas da sala se gostariam de viver ao lado de uma família "de cor". Ela veio muito alegre me dizer que 75% das minhas colegas tinham dito que não. Nunca esqueci a mensagem nem a mensageira. As garotas da minha escola eram bem-educadas e nunca teriam se comportado de forma abertamente racista comigo, e nunca tive problemas em fazer amigos, mas aquilo deixou claro para mim que o racismo fervia sob a superfície. Se não fosse por essa pesquisa, eu nunca teria sabido com certeza. Sendo alguém que tinha crescido em uma casa que era atacada por gente cujo racismo vinha à tona com violência, aquilo era um lembrete de que a maioria das minhas colegas via pessoas não brancas como indesejáveis. Vivi essa experiência como sendo uma rejeição em massa por parte de minhas colegas.

Entretanto, meu eu adulto entende que as atitudes delas haviam sido formadas por uma mídia que propagava atitudes negativas, que não foram refreadas, em relação às pessoas não brancas, sobretudo antes que o racismo se tornasse crime em 1976. Eltham era uma área branca; a maior parte das garotas só socializava com pessoas brancas, ou não conhecia um número suficiente de pessoas não brancas para formar as próprias opiniões.

Quando adolescente, lembro de ser vista como a exceção à regra racista quando os estereótipos raciais prevaleciam nas conversas. Me diziam que eu era diferente, que não era igual às outras pessoas "de cor", apenas porque me conheciam pessoalmente.

Por volta dessa época, enfrentei outra rejeição, que atrapalhou os planos para minha carreira. Quis ingressar no Teatro Nacional da Juventude da Grã-Bretanha (NYT) assim que ouvi falar nele, porque era a progressão óbvia depois do teatro juvenil local. No final dos anos 1970, fiz um teste, sem sucesso, e, porque tive *certeza* de que tinham errado, fiz o teste de novo, com o mesmo resultado. Teria tentado uma terceira vez, mas àquela altura estava fazendo um teste para a escola de teatro. Foi o início de uma estratégia segundo a qual nunca desistia de tentar algo se aquilo fosse realmente o que queria para minha carreira, fosse buscando aceitação nas escolas de teatro, encontrando editoras, solicitando bolsas de artes ou tentando chamar a atenção para os meus primeiros livros.

Recusar-se a aceitar um não como resposta é algo que transmito para os jovens que ensino, em especial para aqueles que ficam tão devastados com uma única rejeição de um editor que decidem parar de escrever. Cito histórias de escritores que recebem dezenas de rejeição antes de fechar um contrato de publicação.

Conheci alunos que decidiram abandonar o sonho de escrever porque não conseguiram um dez no trabalho final do curso de Escrita Criativa. (Digo a eles que já tirei seis nas provas de literatura inglesa.) Um adolescente brilhante da classe operária, de origem caribenha, queria ir para Oxford, foi rejeitado e se resignou infeliz a frequentar a segunda escolha. Eu fui a voz solitária que insistiu com ele para que se candidatasse mais uma vez no ano seguinte, quando os outros estavam se compadecendo de seu "fracasso". Fico feliz de dizer que ele me ouviu, escolheu um tema diferente, foi aceito e se saiu bem.

Para aqueles de nós que não passaram pelo início da vida como num passeio despreocupado e que aprenderam a nunca desistir, é nosso dever orientar os jovens sobre como fazer o mesmo. No caso das pessoas que passaram por escolas de elite e formação que são um trampolim para as melhores universidades e profissões, seu conhecimento privilegiado é inestimável para orientar aqueles que cresceram sem os mesmos privilégios. Sou uma grande fã de mentorias e gostaria que mais pessoas se comprometessem com elas.

O que não notei naquele tempo era que o NYT sempre foi um clube de garotos que encenava Shakespeare, ou encomendava novas peças que eram sobretudo sobre garotos e homens. Poucas mulheres tinham permissão para entrar naquele domínio, e menos ainda mulheres não brancas. Fundado em 1956, a primeira dramaturga a fazer parte do NYT entrou em 1985. Qualquer que fosse a qualidade da minha capacidade de atuação, minha raça e gênero teriam sido um impedimento para ingressar na organização, como aconteceu quando me inscrevi na escola de teatro pouco tempo depois.

Não é a dor de cotovelo falando aqui; pense nisso como um lamento amargo por todas as garotas que sonhavam em ingressar no teatro juvenil nacional como parte da trajetória para se tornar uma atriz profissional, para descobrirem que não eram "boas" o suficiente, provavelmente sem jamais entender o contexto mais amplo.

Me resignei a um emprego de verão, trabalhando no saguão do Teatro Shaw, onde o NYT estava instalado, me misturando entre os jovens que tinham sido aceitos como membros. Consegui até alguns encontros com dois "bonitões" do NYT assim. (Lá vou eu, uma adolescente de novo.) A cafeteria era o mais perto que eu chegaria de ser um membro e, como estava empregada no "serviço de bufê", era bem apropriada para a tarefa — óbvio.

Como os admirava e invejava, meus colegas charmosos, quando entravam no saguão depois de ensaios e apresentações, enquanto eu distribuía xícaras de chá das garrafas térmicas e servia rolinhos de queijo, batatas fritas com sal e vinagre e junto uma barra de chocolate.

A próxima etapa do meu "plano infalível" era me inscrever na escola de teatro, e comecei a peregrinação no meu último ano do colégio. Ser aceita dependia de testes, que envolviam monólogos, entrevistas e às vezes oficinas. Era estressante, mas havia camaradagem entre os concorrentes. Não me lembro de ninguém aparecer com os pais, e é por isso que fico perplexa quando famílias inteiras aparecem nos dias em que minha universidade abre as portas, às vezes com três gerações a reboque. Passei por três temporadas de testes e sofri muitas rejeições, mas não havia dúvida de que não iria parar até que fosse aceita por uma boa faculdade de minha escolha.

Na primeira rodada de testes, fui aceita por uma escola não muito boa que fui aconselhada a rejeitar, com razão. Cheguei à segunda fase ou às listas de espera de algumas das melhores escolas, que estava desesperada para frequentar, mas não fui adiante. Em um teste inesquecível na Escola Central (agora Real) de Expressão e Drama, fui chamada de lado, e minha boca e meus dentes foram inspecionados como se eu fosse uma égua ou vaca, ou, pior, uma pessoa escravizada. Só posso imaginar que foi porque tenho a mandíbula proeminente. Não tinha nada a ver com minha habilidade de falar; tenho uma voz forte e nenhum problema com pronúncia. Me lembro de pensar que devia ter algo de errado comigo — e não com eles. Quantas vezes nos culpamos quando na verdade estamos sendo tratados de forma injusta? Minha experiência não foi nada, é claro, comparada às humilhações rotineiras de um ator independente, para quem a rejeição baseada na aparência é algo que faz parte do ofício.

Levou algum tempo para eu descobrir que as escolas de teatro não gostavam de aceitar pessoas não brancas porque, tinham concluído, havia pouco trabalho para nós como atores, então por que nos treinar? Estavam certos, mas em vez de contestarem uma cultura discriminatória, eles a validavam. Eles tendiam a recrutar pessoas tradicionalmente atraentes, e mais estudantes do gênero masculino que do gênero feminino, com uma ou duas vagas reservadas para "atores de personagem". Talento era importante, mas não se você não fosse adequado para o elenco — e tudo isso envolvia os preconceitos culturais e de gênero da época. Quando a atriz-dramaturga Michaela Coel começou na Escola Guildhall de Teatro em 2009, trinta anos depois de eu ter me candidatado e ter sido rejeitada, ela foi a primeira mulher negra a entrar em cinco anos.

Qualquer pessoa não branca que se candidatasse à maioria das escolas de teatro se deparava com o racismo institucional. Qualquer que fosse o talento dessas pessoas, sempre seria muito mais difícil passar pela porta, e vale lembrar que de todo modo sempre foi difícil entrar nessas escolas; algumas recebem cem candidatos por vaga e aceitam apenas vinte alunos por ano.

No entanto, no esquema maior das coisas, a rejeição foi a melhor coisa que poderia ter acontecido comigo, porque me tornou ainda mais ambiciosa e determinada. Se tivesse entrado numa escola de ponta no meu primeiro teste, teria ficado com a impressão de que uma carreira atuando no palco seria fácil, e não é — para ninguém.

O fato de ter acabado com quatro ofertas de escolas provavelmente significa que eu parecia muito promissora (e, todos esses anos depois, finalmente posso me exibir neste livro). Aceitei uma vaga na Faculdade Rose Bruford porque ela oferecia um curso de Artes Teatrais Comunitárias, e imaginei que, como pessoa não branca, era mais provável que conseguisse emprego na comunidade e no teatro alternativo do que em qualquer outro lugar.

Foi uma das melhores decisões que já tomei.

Cinco

fīf (inglês antigo)
five (inglês)
márùn (iorubá)
a cúig (irlandês)
fünf (alemão)

poesia, ficção, ficção em versos, ficção de fusão

Nunca imaginei, quando estava envolvida com teatro, primeiro quando criança, depois adulta, que algum dia me tornaria escritora de livros, mas essa tem sido minha profissão desde 1994, quando minha coletânea de poemas, *Island of Abraham*, foi publicada. Neste capítulo, quero lançar um olhar para os caminhos complexos que me levaram até meus livros e para a perseverança envolvida em concluí-los.

Ainda que hoje em dia os manuais de escrita criativa estejam se proliferando, com conselhos e exercícios que envolvam todos os elementos do ofício, a exposição detalhada da prática real de um escritor individual ainda é bastante rara. Há tantos aspectos na escrita de livros que podem surpreender o leitor, que se depara somente com o produto final polido e no geral não tem a menor ideia dos processos e do esforço implicados em sua realização.

Island of Abraham deriva do meu interesse por história africana e das minhas viagens pela África, que comecei a visitar quando estava com vinte e poucos anos, primeiro em viagens ao Quênia, Egito e Madagascar. Enviei o manuscrito para vinte editoras, e ele foi aceito por uma, a Peepal Tree Press. Na altura em que o livro foi publicado, alguns dos poemas tinham doze anos. Senti que havia evoluído como escritora nesse meio-tempo e que esses poemas eram bastante simples do ponto de vista de estilo, elaboração e psicologia, além de serem desprovidos de humor.

Embora tenha escrito várias peças que foram produzidas, no fundo não me considerava uma escritora, até *Island of Abraham* ser publicado, e mesmo então ainda não me sentia totalmente confortável em me declarar uma. Quando o fazia, as pessoas perguntavam com desconfiança, "Você publicou alguma coisa?", ou "Você escreveu alguma coisa que eu talvez tenha lido?" — um jeito mais discreto de descobrir se eu realmente tinha publicado alguma coisa. Sempre quis responder a essa última com "Como diabos eu vou saber?".

Se tivesse dito que era professora, eles não perguntariam se eu tinha alunos. Se tivesse dito que era faxineira, não pediriam para ver meu esfregão. Se eu fosse um homem branco de classe média, duvido que a veracidade da minha profissão fosse questionada.

Por vários anos, não mencionei *Island of Abraham* em minha biografia porque não queria que ele fosse a porta de entrada dos leitores para o meu trabalho. Sentia que com meu segundo livro, *Lara* (1997), um romance semiautobiográfico em versos no qual ficcionalizei a história da minha família e minha própria juventude, tinha me tornado uma escritora mais interessante e original. Também com ele descobri meu senso de humor como escritora.

Minha intenção original com *Lara* era me distanciar da poesia e escrever ficção, porque queria contar a história da oposição ao casamento anglo-nigeriano dos meus pais e achava que a amplitude do romance o tornava a forma mais adequada para a tarefa. Romances centrados nesse aspecto da sociedade britânica mal existiam naquela época, menos ainda de uma perspectiva afro-inglesa. Queria colocar a história dos meus pais no mapa.

Fiz o primeiro rascunho do romance em prosa, embora nunca tivesse escrito prosa de ficção e me esforçasse para acreditar que era capaz de dar conta da tarefa. Aquilo não me impediu, porque a urgência de escrever a história dos meus pais era um bocado insistente. Depois de três anos, eu tinha um manuscrito inacabado de duzentas páginas produzido em uma máquina de escrever eletrônica, mas estava muito confuso — uma bagunça tremenda. Eu não tinha nenhuma noção de estrutura narrativa, e o espírito da poesia que até então havia insuflado e energizado minha escrita tinha sumido. Ao empreender a transição da poesia para a prosa, meu uso da linguagem entrou em coma. Com um aperto no peito, admiti para mim mesma que, como não tive nenhum prazer com a releitura do que eu havia escrito, outras pessoas também não teriam. Ainda queria contar aquela história, mas não tinha ideia de como fazer isso.

Três anos depois, participei de uma residência para escritores da Arvon Foundation, no campo, sem nenhuma intenção de frequentar qualquer uma das aulas, mas de, meio às escondidas, fazer dela um retiro de escrita. Os organizadores não iam tolerar aquilo, então fui obrigada a comparecer às oficinas e, em um dos encontros, me vi escrevendo um poema como exercício, meu primeiro poema em mais de três anos, e na mesma hora reencontrei meu amor pela linguagem. Soube então o que tinha de fazer. Quando voltei para Londres, joguei o manuscrito original de *Lara* no lixo, literalmente, ou seja, ele desapareceu sem deixar rastros, e embarquei na reescrita da história como poesia. Descartar o manuscrito foi um gesto simbólico necessário que me permitiu começar totalmente do zero, e, no entanto, me arrependi de ter feito aquilo. Gosto de manter registros de tudo o que escrevo.

Solucionar problemas é parte integrante do processo criativo, e me dei conta, com *Lara*, que estava lutando para escrever em um estilo que não era fiel aos meus instintos poéticos. Levei três anos para identificar o problema e encontrar a solução. Nos dois anos seguintes, reescrevi a história como poesia, experimentando um novo comprometimento e uma nova paixão pelo ato de narrar envolvido. Não foi fácil no começo; passava metade da semana encarando a página em branco diante de mim, me recusando a deixar a escrivaninha antes de criar o verso de abertura de uma nova página, um novo poema, a partir do qual o restante sem dúvida jorraria com mais facilidade.

Lara foi escrito quando eu morava no apartamento de sótão, em Brockley, trabalhando num quarto com vista para o sul de Londres. A vista é tão vívida na minha mente porque passei muito tempo olhando para ela enquanto tentava conjurar as palavras certas para uma história com vários protagonistas de diferentes países e épocas. Tinha um emprego de meio período, ganhava pouco e, como resultado, raramente socializava. Quando estava envolvida com um homem, ele no geral ia e vinha no escuro, de modo que havia pouca distração. Foi um período bem solitário.

Assim que cada um dos poemas tivesse sido reescrito à mão algumas vezes, era transferido para o computador. Então imprimia cada revisão e a revisava à mão antes de voltar a inserir as edições na tela. Devo ter passado por esse processo umas quarenta vezes. Quando relia o poema e ele fluía naturalmente, dizendo o que eu queria transmitir, e eu não queria mudar nenhuma palavra, nem mesmo uma vírgula, sabia que estava terminado.

Agora, minha prática está bem distante de como era quando comecei a escrever poesia e era incapaz de mudar uma só palavra. Naquela época, o primeiro rascunho era o rascunho final, e eu ficaria arrasada se alguém sugerisse algumas revisões. Logo aprendi que boa parte da escrita é na verdade reescrita, e que as palavras que você rabisca na página são um material bruto a partir do qual você talvez seja capaz de esculpir algo relevante. Nós, escritores, passamos a vida aprendendo a manipular a linguagem para expressar com precisão aquilo que desejamos comunicar. Mesmo enquanto escrevo isto, faço ajustes constantes de vocabulário e reestruturo as frases para que façam jus à minha intenção.

Depois de seis meses escrevendo o novo *Lara*, mais segura quanto ao estilo e conteúdo, evoluí da escrita de uma página por semana para várias; dois anos depois de seu renascimento poético, o livro estava pronto. Levei cinco anos no total, mas finalmente havia chegado ao meu destino.

Gêneros literários não são meros rótulos externos. São técnicas, abordagens, infraestruturas e métodos que favorecem os conceitos por trás da nossa escrita. Concisão, condensação e imaginário poético permitiram que a história original de *Lara* se expandisse para além do casamento dos meus pais. Minha pesquisa me conduziu à ancestralidade dos meus pais, fazendo com que sete gerações ganhassem vida, inclusive minha própria infância. Em certo sentido, o livro era minha resposta à carta que eu teria enviado à minha parente na Nigéria, há muito distanciada, todos aqueles anos antes de eu indagar a respeito da família do meu pai e de meus parentes de lá.

Como construí a história a partir de pequenos blocos de poemas, ela se tornou mais administrável, ao passo que o número gigantesco de palavras de um romance em prosa havia me intimidado e sobrecarregado a ponto de sentir que estava me afogando nele.

A edição final envolveu dispor todas as páginas do texto lado a lado no chão da minha sala e organizar uma cronologia para ele.

Nunca me arrependi de ter gastado três anos produzindo uma versão descartada do livro, porque não era assim que eu enxergava a situação — nem naquela época nem em trabalhos posteriores. Para mim, o processo criativo é um experimento — tentativa e erro —, uma viagem rumo ao desconhecido que nos leva a novas descobertas.

Escrever *Lara* me ancorou em uma prática que continua até hoje, na qual meus livros passam por reescritas significativas, às vezes até cinco. Normalmente passo anos trabalhando em um livro sem mostrá-lo a ninguém, porque quero saber o que eu acho do meu trabalho antes de outra pessoa me dar sua opinião.

No início, pensava em *Lara* como um poema narrativo, até o livro estar prestes a sair pela Angela Royal Publishing e discutirmos como promovê-lo. Decidimos categorizá-lo como um romance em versos, para que se encaixasse na seção de ficção mais popular das livrarias. (Não existem regras claras e definitivas em relação aos romances em verso; todo mundo explora a forma de modo distinto.)

Quando o livro foi publicado em 1997, achei que estivesse tudo certo — que aquele fosse um capítulo encerrado, porém, alguns anos depois, a pequena editora fechou as portas e *Lara* ficou fora de catálogo. Meu gene da implacabilidade se manifestou e encontrei outra casa para o livro — na Bloodaxe Books, que admirava havia bastante tempo. A fim de relançá-lo novo em folha no mercado, me ofereci para ficcionalizar mais elementos da história da minha família, no caso, meus ancestrais alemães e irlandeses, que tinha deixado de lado na primeira vez porque estava mais interessada na minha herança negra.

Também mudei a forma poética, decompondo os blocos de poemas de uma página de extensão em estrofes mais legíveis de duas linhas. O livro foi relançado em 2009 nessa nova encarnação, que lhe deu mais um sopro de vida. Tampouco está finalizado. Suspeito que um dia vou acrescentar novas narrativas de família a ele.

Não fazia a mínima ideia, quando comecei a escrever *Lara*, que ele podia se tornar um catalisador de mudanças na minha própria vida e nas minhas próprias atitudes. Cometi o absurdo de hesitar diante da ideia de ficcionalizar os membros brancos da minha família. Até então, na minha escrita, havia focado personagens de origem africana, e não tinha certeza se podia fazer justiça aos personagens brancos, mesmo aqueles inspirados em minha própria mãe e avó, o que, pensando agora, soa ridículo. Superei o receio levando a ideia adiante, o que é sempre a melhor solução. Tampouco foi o desafio que havia imaginado. Não apenas conhecia bem essas duas mulheres brancas, mas uma autora de ficção se conecta à humanidade dos personagens, não importa a aparência deles. O único obstáculo havia sido a política boba e limitadora dentro da minha cabeça.

Meus pais haviam ajudado com a pesquisa para *Lara*, e minha mãe ficou lisonjeada com a forma como foi retratada, exceto por uma cena de sexo na noite de núpcias dela e de meu pai. "O que é que *você* sabe?", ela me perguntou, uma pergunta retórica e enfática. "Mas é ficção", rebati. Meu pai estava orgulhoso de mim e brandia *Lara* por toda parte, fingindo que o havia lido, mas ele não lia livros. Um dos meus irmãos o submeteu a um teste, e ele errou todas as perguntas.

O processo de escrita de *Lara* foi uma epifania para mim. Ao escrever sobre a objeção de Nana ao casamento dos meus pais dentro do contexto de sua própria infância, passei a compreender o motivo pelo qual ela se comportou daquela maneira. É tarefa de um escritor criar personagens complexos e totalmente convincentes, e passei a sentir empatia por Nana, ainda que ela e alguns membros de sua família tenham infligido um sofrimento ao meu pai que nunca se atenuou, e um sofrimento psíquico à família dele — nós. Crescemos sabendo que algumas das pessoas que deviam ser as mais próximas de nós nos desaprovavam ao ponto de não terem nada a ver conosco. Escrever o livro me ajudou a entender o porquê. O processo não foi terapêutico para mim, mas a pesquisa — a reflexão, a caracterização — foi catártica.

Também descobri que me conectava aos meus antepassados imaginando como viviam e amavam, o que pensavam e sentiam. Escrever suas histórias preencheu uma lacuna entre mim e a narrativa da minha família. Cem anos não parecem muito tempo quando você viaja de volta para o século XIX. Eu já era curiosa a respeito dos meus antecessores, mas passei a me sentir mais empática em relação a todos eles, sobretudo minha tataravó, Jane Brinkworth, que perdeu seis dos oito filhos.

Lara é minha versão da narrativa de origem da família: uma de emigração e imigração, saudade e pertencimento, de família e amor a despeito das divisas, e de luta, ambição e resiliência diante da intolerância, da pobreza e da adversidade. A dificuldade para se encaixar, para ser aceito no novo país e para encontrar o próprio caminho tem sido a experiência do emigrante desde tempos imemoriais, junto com os estereótipos negativos. *Lara* é meu tributo, não só à história da minha família, mas à Grã-Bretanha multicultural e à eterna realidade global da polinização cruzada como força motriz essencial para todos nós.

Durante os anos que dediquei à escrita do livro — vivendo com ele, aprendendo com ele e, uma vez que se tratava de poesia, amando-o, descobri como me motivar, como nunca abrir mão da minha prática criativa, como acreditar em mim mesma no papel de escritora e como encontrar a melhor maneira de contar a história que ardia dentro de mim. O livro só se tornou uma entidade singular quando me desvencilhei da convenção. Daí em diante, a maior parte dos meus livros partia de um determinado gênero literário e terminava sendo outra coisa. Não tenho a mínima ideia se essa é a experiência de outros escritores; imagino que não. Às vezes invejo escritores que iniciam um romance em prosa em A e terminam no Z, sem descartar manuscritos inteiros ou reescrever a história em uma forma diferente.

No desfecho de *Lara*, a personagem homônima e birracial viaja pela Amazônia ao final de uma jornada em busca de suas origens, de si mesma. Ela se sente em paz: "Vejo a selva tomar conta de mim enquanto o barco corta/ o chocolate derretido, o motor, meu coração, sincronizados./ Avançamos na solidão. Meus pensamentos se libertam/ do caos da cidade, inteiro, o rio me acalma./ Sou meus pais, meus ancestrais, meus deuses".

É um momento de autoaceitação conquistado com muito esforço. A personagem Lara é uma versão fictícia de mim, e, ao escrever sua história, metabolizei minha constituição ancestral e cheguei a uma compreensão mais profunda da minha identidade como pessoa birracial — não a de uma pessoa bifurcada, mas um ser humano completo. Isso me ajudou a estabelecer uma base tão sólida em minha herança, que depois disso abracei as multiplicidades dentro de mim e me tornei inatacável em minha identidade.

Na altura em que comecei a escrever *The Emperor's Babe* (2001), estava vivendo em Notting Hill, tendo me mudado de Brockley e Brixton, no sul de Londres, para a parte oeste da cidade. Quanto aos relacionamentos, o caso com o Mítico era passado, e eu estava saindo com outra pessoa, um cara dos Estados Unidos que fingia ter lido meus livros, embora sempre que eu visitava seu apartamento bagunçado em Manhattan eles estivessem jogados no chão com o resto do entulho, as lombadas intactas, as páginas invioladas. Não me incomodava que ele não se interessasse pela minha escrita, mas a mentira sim.

De início, vinha tentando escrever outro romance, mas era tão ruim que esqueci do que se tratava, apesar de tê-lo guardado caso algum dia eu deseje me traumatizar de novo. O próprio *The Emperor's Babe* começou como uma série de poemas sobre uma garota de ascendência núbia que cresceu na Londres romana 1800 anos atrás, que havia escrito como parte de uma residência de autores do Museu de Londres. Só se tornou um romance porque lancei a ideia para meu agora editor, Simon Prosser, e, com base nesses poemas preliminares, ele me ofereceu um contrato. Esse começo evoluiu depressa para um romance em versos de 250 páginas e se mostrou uma experiência de escrita extremamente divertida. Minha protagonista, Zuleika, aceita se casar com um romano rico, Felix, mas se apaixona pelo imperador romano Septímio Severo, uma figura histórica real de Léptis Magna, que agora chamamos de Líbia.

Todos os meus livros têm diversos pontos de partida. Meu fascínio pela história é um deles, e meu interesse por sociedades multiculturais e formadas por pessoas negras é outro. No início, me deparei com a história africana encoberta da Grã-Bretanha em *Staying Power: The History of Black People in Britain* [Resistência: A história das pessoas negras na Grã-Bretanha] (1984), escrito por Peter Fryer. O livro começa com a frase, "Havia africanos na Grã-Bretanha antes que os ingleses chegassem aqui" — em referência a uma legião de mouros do Norte da África agrupados na Muralha de Adriano, perto da Escócia, que faziam parte do Exército romano em 211 d.C. Tendo crescido com o mito de que a Grã-Bretanha havia sido um país branco até o século xx, achei a leitura bastante explosiva. *Staying Power* também traz à tona a história negra da Grã-Bretanha de 1500 em diante, evidenciando uma presença contínua que perdura até hoje. Isso, por sua vez, me levou aos livros mais antigos de J.A. Rogers, Ivan Van Sertima e Edward Scobie, cada autor com seus próprios pontos de vista sobre as narrativas ocultas da história negra. Tê-los lido quando jovem fez com que eu me sentisse parte de um *continuum* na Grã-Bretanha e na Europa. Pessoas de origem africana não eram apenas recém-chegadas, mas uma parte integrante das raízes do continente. Eu queria muito trabalhar criativamente com essa história, mas não sabia como, até que esse interesse se concretizou em *The Emperor's Babe*.

A pretensão do romance é direcionar um desafio ao mito monoculturalista da história britânica, e a partir dessa ideia procurei construir uma sociedade linguisticamente heterogênea, que em vários sentidos ecoasse as origens diversificadas amalgamadas no inglês. O modo dominante da narrativa é o inglês-padrão, mas os personagens também proferem uma mistura lexical de palavras em latim, uma combinação inventada e simplificada de escocês-latim, americanismos e rimas, gírias e neologismos *cockney*. No início do livro, quando Zuleika nos revela seu casamento infeliz com Felix, ela diz, "Aí me mandaram para uma piranha romana pretensiosa para aulas de etiqueta/ aprendi a falar, a comer e a peidar/ como conjugar *amo amas amat* direitinho, e me livrar/ da minha língua crioula de plebeia de segunda geração./ Zuleika *accepta est.*/ Zuleika *delicata est.*/ Zuleika certinha pra burro *est.*/ Mas tinha o sonho de criar mosaicos/ de reconstruir minha cidade com vidro e pedras brilhantes./ Mas não! *Numquam!* Não é permitido".

O livro brinca com o anacronismo, faz uma colagem temporal — o histórico e o contemporâneo se mesclam em um universo paralelo, então embora seja ambientado há basicamente 2 mil anos, parece bem moderno. Queria que parecesse imediato, vital, como se minhas figuras históricas estivessem vivas hoje.

Estou mais interessada em escrever frases interessantes do que gramaticalmente perfeitas ou com certa graça sutil, e esse é meu romance mais revolucionário e rebelde do ponto de vista linguístico.

* * *

Durante minha residência de escrita no Museu de Londres, contei a alguns dos curadores que estava escrevendo sobre uma garota negra que cresce na Londres romana. Eles descartaram a ideia, porque não havia evidências arqueológicas disso. Argumentei que, como o Império Romano se estendeu por milhares de quilômetros, incluindo o Norte da África, a cidade de Roma era multirracial, os romanos eram famosos pelas viagens e havia soldados africanos no norte da Inglaterra — por que não haveria pessoas negras em Londínio também?

Na época, o museu tinha atores interpretando figuras do passado que guiavam as pessoas pelas galerias. Logo depois de *The Emperor's Babe* ter sido publicado e recebido com aprovação, eles introduziram uma personagem negra que era esposa de um rico mercador romano. Resultados!

Por fim, a ciência arqueológica alcançou minha imaginação criativa quando análises de DNA mais sofisticadas de antigos restos mortais humanos revelaram uma presença africana na Londres romana de 2 mil anos atrás. Mais recentemente, a ciência descobriu que o "Homem de Cheddar", que viveu há 10 mil anos e cujo fóssil foi desenterrado em Somerset há mais de cem, tinha pele negra e cabelo preto e crespo. (Só estou comentando.)

Comecei meu romance seguinte, *Soul Tourists* (2005), no apartamento de Notting Hill, até ser expulsa pelo satanás de dezenove anos, e o concluí em uns dois ou três apartamentos em Kilburn.

O romance é centrado em uma viagem de carro pela Europa e apresenta um casal incompatível, homem e mulher, com fantasmas não brancos da história europeia aparecendo na vida do homem e a transformando. Foi minha tentativa de sondar a história europeia do ponto de vista de pessoas que ali viveram e se deslocaram ao longo de eras, e de reinventar o continente, com sua estreita proximidade com a África, como um locus geográfico milenar de fecundidade inter-racial e intercultural.

Meus personagens fantasmagóricos, reais e imaginários, emergem das brumas da história europeia e vão de Hannibal a Mary Seacole; de Alexandre de Médici a Aleksandr Púchkin; da Dama Negra dos sonetos de Shakespeare a uma rainha Charlotte fantasiosa, esposa do rei Carlos III. Enquanto esses espectros entravam e saíam flutuando da narrativa, o relacionamento entre o casal na estrada se despedaçava.

O primeiro rascunho de *Soul Tourists* foi escrito em prosa, de acordo com o contrato da editora, mas ficou óbvio mais uma vez que meu uso da linguagem estava embotado a ponto de parecer sem vida, e a estrutura era indisciplinada a ponto de ser anárquica. Dessa vez não demorei três anos para identificar o problema, mas não sabia como corrigi-lo, e era provável que fosse incorrigível, embora Simon tenha gentilmente insistido nele — e em mim.

Implantei alguns poemas no texto do segundo rascunho, Simon gostou e me encorajou a experimentar, a ir em frente. Então transformei a história no que chamei de romance-*com*-versos, que incorporava prosa de ficção, prosa em verso, poesia, roteiros e umas poucas construções não literárias, como o fim de um relacionamento descrito por meio de duas planilhas de gastos. No processo, reduzi o manuscrito de 90 mil para 50 mil palavras. Como aconteceu com *Lara*, não utilizei nada do texto original. O livro levou quatro anos para ser concluído. (Sempre que meus alunos se queixam de ter que reescrever do zero um conto de 2 mil palavras que eles digitaram às pressas da noite para o dia, sou obrigada a esboçar um sorriso.)

* * *

Dos meus romances, *Soul Tourists* é o que menos teve sucesso em termos de crítica e retorno dos leitores, embora seja também o mais criativo do ponto de vista formal. Para ser honesta, não tenho certeza de que ele funcione como um todo, embora goste de algumas partes. É um experimento mais do que ambicioso, o de tentar explorar uma série de figuras da história europeia da perspectiva de um relacionamento contemporâneo, e isso resultou em uma narrativa sobrecarregada. A forma fragmentada acrescenta outra camada de complexidade, exigindo que o leitor se desloque o tempo inteiro entre gêneros literários distintos. Nesse sentido, a forma provavelmente atrapalha o desenrolar da história, enquanto os protagonistas não têm espaço para respirar porque os fantasmas ficam aparecendo quando você menos espera, e interrompem o fluxo dinâmico do relacionamento do casal.

Não sei se leitores sentem uma conexão emocional com esse livro. Tampouco sei se *eu* sinto.

Quanto finalmente consegui escrever um romance em prosa sem um único verso, *Blonde Roots* (2008), ele não começou desse jeito. Que grande surpresa!

Meu plano havia sido escrever sobre o comércio marítimo de pessoas escravizadas, mas fazer com essa história algo bem diferente, torná-la estranha a fim de oferecer novas perspectivas. O comércio de pessoas escravizadas ocupou quatrocentos anos da história mundial, devastou a vida de milhões e deixou um legado tóxico que dura até hoje. Minha árvore genealógica tem seu próprio ramo de pessoas escravizadas, mas, mesmo que não tivesse, esse é um dos temas que nos fascina por conta da sua importância global como crime hediondo contra a humanidade.

Minha prioridade ao abordar esse tema era me afastar das narrativas mais estereotipadas a respeito da escravidão. Passei meses pesquisando a história, mas ainda não conseguia atinar o que fazer. A solução veio sob a forma de uma encomenda do *Guardian* para escrever um conto, que decidi usar para criar o primeiro capítulo do romance, mas ainda estruturado como um conto. Sofrendo a pressão de um prazo apertado, meu cérebro não tinha escolha senão trabalhar em supervelocidade e bolar um plano. Funcionou, e o conceito e o conteúdo do romance tomaram forma.

Blonde Roots apresenta um universo alternativo simples no qual africanos escravizam europeus, e por meio do qual inverto noções históricas de civilização e barbárie. Ideias arriscadas são as únicas que tenho interesse em perseguir, e, com essa, decidi fazer uma anatomia do comércio marítimo de pessoas escravizadas através da história de uma mulher inglesa branca, chamada Doris, que é escravizada por africanos (os ambossanos) e levada para Londolo, a capital do Reino Unido da Grã-Ambossa. Lá seu nome é mudado por seus senhores para Omorenomwara (porque Doris é impronunciável), e em seguida acaba no Arquipélago Japonês do Oeste, no mar do Caribe. O romance trata da sua escravização e das suas tentativas de escapar daquilo.

Em última instância, minha estratégia de inversão expõe não apenas os horrores do comércio de pessoas escravizadas, mas também a ideologia desenvolvida para justificá-lo — racismo —, enquanto conduz o leitor em uma jornada moral e emocional imprevisível. A ideia se presta à sátira, ainda que, dado o assunto em questão, haja uma sutura invisível de tragédia.

Apesar de ser um romance em prosa, bem no início, quando ia apresentá-lo como um conto, passei a escrevê-lo de modo que parecesse poesia, só que desta vez era intencional, como um meio de controlar e aprimorar meu uso da linguagem, ao mesmo tempo que sabia que ia modificar o formato em versos assim que entrasse na narrativa. Meu plano astuto era enganar meu cérebro para enxergar a poesia familiar na página, a fim de neutralizar a sensação acachapante de que estava embarcando no que poderia ser outro romance caótico destinado à lixeira. Fico contente de poder dizer que funcionou; encontrei minha entrada. Reorganizei bem depressa o texto e em seguida escrevi o restante como um romance em prosa, embora ainda utilizando a precisão e a concisão da minha voz poética. Ainda que não pense nesse livro como poético, em comparação com romances mais tradicionais, ele definitivamente parece ter tal vocação.

Cerca de doze anos depois da minha primeira tentativa de escrever ficção em prosa, havia finalmente conseguido, mas em um estilo que era fiel à minha voz, ou, antes, fiel à narrativa irônica em primeira pessoa de Doris, que nos guia pela desventura de sua vida.

Minha novela *Hello Mum* é o livro mais simples e direto que já escrevi — prosa do início ao fim, e pronto em três semanas. Encomendado pela série de livros Quick Reads, destinada a pessoas que não costumam ler ficção, recebi a instrução de utilizar apenas linguagem simples, o que de início foi assustador.

Decidi que precisava de um narrador criança para tornar aquilo viável, e criei um menino de catorze anos, JJ, que vive em um conjunto habitacional de Londres e se mete em encrencas. Foi minha tentativa de explorar a vida dos meninos da Grã-Bretanha que se envolvem em disputas territoriais de gangues, que não têm voz na nossa sociedade, são patologizados e depreciados pela mídia e matam uns aos outros nas ruas das nossas cidades. Como pesquisa, encontrei grupos desses meninos, que me disseram que tinham pouca escolha além de se unir a gangues que controlavam os conjuntos habitacionais onde viviam. Sentiam-se aprisionados dentro dos próprios códigos postais, e disseram que para eles era mais fácil sair de Londres do que cruzar a metrópole e inadvertidamente acabarem ameaçados no território de outra gangue.

Nossas cidades nos oferecem diferentes camadas de experiência para grupos sociais diferentes: alguns surfam nas ondas do privilégio sem perceber o quanto são sortudos, enquanto outros são condenados a existir como uma subclasse. Me senti muito privilegiada em comparação com aquelas crianças, cuja vida cotidiana é repleta de perigos.

Meu objetivo com a história de JJ era de humanizar quem costuma ser demonizado. É difícil eu me apaixonar perdidamente pelos meus personagens (sei os piores segredos deles), mas achei JJ cativante demais. Como ocorre com todas as criações ficcionais, ele tinha que ser uma pessoa imperfeita vivendo em um mundo imperfeito — no caso dele, um menino que queria ser um homem antes de estar pronto para isso. Essa novela epistolar assume a forma de uma carta de JJ para a mãe. Aludindo a uma briga enorme que ocorreu entre os dois, ele diz a ela, "Você estava sempre me irritando. Nenhuma outra pessoa no mundo conseguia me deixar tão bravo quanto você. Você estava arruinando minha vida com toda a sua choradeira. Eu mal podia esperar para crescer e fazer as coisas do *meu* jeito".

Quando foi publicado, fiz um tour com o livro por instituições para menores infratores e tive uma experiência surreal em que eu, uma mulher de meia-idade, lia o livro com a voz de JJ para adolescentes e jovens que eram versões um pouquinho mais velhas dele. Fiquei aliviada ao descobrir que tinha a aprovação da minha plateia, já que eles me disseram que achavam JJ crível e se identificavam com ele — a tal ponto que procuravam roubar o livro, tentando deixar o salão com exemplares enfiados na parte de trás das calças cinzentas, só para serem apreendidos pelos guardas, que não se deixavam enganar tão facilmente.

Quando alguém me diz que *Hello Mum* é meu melhor trabalho, penso comigo: mas levei três semanas para escrever!

Meu livro seguinte foi *Mr. Loverman* (2013), embora o plano não fosse esse. Vinha escrevendo há alguns anos um romance sobre um marinheiro nigeriano que acaba indo trabalhar em uma mina de estanho em Cornwall na década de 1870. Como sempre, fiquei presa nessa ideia quando devia ter desistido. Caí na armadilha da escrita em prosa tradicional em terceira pessoa quando, naquela altura dos acontecimentos, devia saber que não daria certo. Amei a escrita em si, para ser sincera, mas meu marinheiro nigeriano, de quem o sucesso do romance dependia, não saltava para fora da página. Para tentar dar à história um sopro de vida, continuei experimentando o modo narrativo, alternando a primeira com a terceira pessoa, e o uso dos verbos, alternando o passado com o presente, porém essas intervenções técnicas não conseguiam esconder o fato de que a história não tinha alma. Eu era a criadora, mas também a observadora desapaixonada da vida que estava oferecendo ao meu protagonista. Não tinha conexão emocional com ele e não sabia como mudar isso. Quando deixei o manuscrito de lado por alguns dias, não fiquei ansiosa para retornar a ele, um sinal claro de que devia abandoná-lo. Ainda assim, insisti e escrevi 40 mil palavras antes de desistir, apenas porque tinha descoberto Barrington, o protagonista de *Mr. Loverman*, que se apoderou da minha imaginação e não a soltou mais. Transformei 6 mil palavras do romance nigeriano-em-Cornwall em um conto, "Yoruba Man Walking", que mais tarde entrou em uma antologia.

Quase sempre falo dos meus personagens como se eles escrevessem a si mesmos. Tenho uma faísca de ideia para um e, através do ato da escrita, ele se torna de carne e osso. Barrington foi o exemplo perfeito disso. Sinto que ele se escreveu até vir a existir, e aí seguiu em frente e escreveu sua história por mim.

Começou assim: eu era a orientadora de ficção num programa de residência para aspirantes a escritores dirigido pela Arvon Foundation e me vi participando como aluna em uma oficina para aprendizes comandada pela orientadora da dramaturgia, Rebecca Lenkiewicz. Sempre sou a professora, nunca a aluna, então achei a experiência bastante insólita e lembro de ter ficado animada. Rebecca nos passou um exercício em que distribuiu uma série de fotos antigas de passaportes sobre uma mesa, nos pediu que escolhêssemos uma e que então imaginássemos aquela pessoa da foto tirando a roupa diante de um espelho de corpo inteiro. À medida que tiravam as peças, devíamos descrever, na voz delas, o que viam. Escolhi a foto de um homem idoso que parecia caribenho e usava um chapéu de feltro. No instante em que iniciei o exercício, Barrington — um gay enrustido londrino nascido em Antígua, de 74 anos, casado com a ultrarreligiosa Carmel há cinquenta anos e amante do melhor amigo, Morris, há sessenta — começou a falar comigo e não calava a boca. Fui para casa, continuei a escrever para ver se a ideia dava pé, descobri que dava e me pus a escrever o romance a toda velocidade. Foi um processo bem fácil e, assim que ficou pronto, fiquei contente comigo mesma. Talvez escrever um livro não envolva percursos complicados afinal.

Só que não foi tão simples, óbvio que não foi. O romance teve uma segunda encarnação.

Como Barrington é o narrador, o leitor tem um vislumbre do casamento disfuncional apenas do ponto de vista dele, o que é um desserviço à esposa. Quando meus editores na Hamish Hamilton me fizeram essa observação, algo de que eu mesma devia ter me dado conta, porém acho que estava muito encantada por Barrington para pensar direito, decidi escrever novos capítulos do ponto de vista de Carmel e espalhá-los pela narrativa existente.

Os capítulos de Carmel, uma vez acrescentados, ofereceram uma perspectiva do casamento que contrabalanceia a do marido. Decidi não a escrever em primeira pessoa, porque ela teria que competir com a voz mais forte e mais carismática de Barrington. Em vez disso, empreguei a segunda pessoa, usando uma prosa em versos que preparou o terreno para a ficção de fusão de *Garota, mulher, outras*.

O romance, portanto, passou de uma estrutura simples com um narrador em primeira pessoa para uma narrativa em paralelo que iluminava como a dissimulação de Barrington impactou não só sua própria vida, mas também a da esposa, uma mulher que passou meio século vivendo com um homem que ela achava que conhecia, mas não.

Uma palavra a respeito do feedback: receber comentários dos editores e aprimorar minha escrita como resultado tem sido crucial para o desenvolvimento das minhas habilidades, mesmo quando era difícil ouvir que algo não funcionava. Enquanto escritores, podemos estar próximos demais do texto para enxergar com clareza aquilo que escrevemos e, a menos que estejamos escrevendo apenas para nós mesmos, precisamos de pessoas que avaliem o nosso trabalho em andamento de forma crítica e ofereça retornos construtivos. No meu caso, isso pode envolver a reescrita de um romance inteiro que já passei anos polindo sem ter recebido um feedback. O objetivo é que a escrita seja a melhor possível, e é muito difícil para quem cria, talvez impossível, analisar a própria criação de forma objetiva. Tenho leitores diferentes para livros diferentes, às vezes amigos que são leitores ávidos e serão totalmente sinceros no feedback, ou outros escritores que podem detectar e articular precisamente aquilo que precisa ser retrabalhado. Às vezes eles entendem tudo errado. Uma leitora respeitada de *Garota, mulher, outras* achou que eu devia dispensar todas as personagens exceto três, depois de eu ter passado anos criando um romance cuja força reside na multiplicidade. Se eu fosse uma escritora jovem, poderia ter duvidado de mim mesma. Em vez disso, ignorei o conselho.

Simon Prosser e a equipe dele trabalharam lado a lado comigo em sete livros até agora, e não tenho como superestimar o valor que seu feedback editorial tem para mim, que, sorte minha, sempre esteve em sintonia com minhas ambições.

Ainda assim, no começo, quando recebia um feedback crítico que demandava uma boa reescrita, costumava ficar chateada, embora nunca deixasse isso transparecer. Escondia o manuscrito em uma gaveta, sem querer vê-lo por perto, tirando sarro de mim por conta da enormidade da tarefa pela frente. Depois que começava as reescritas e via como os romances melhoravam, ficava aliviada de ver que as fraquezas deles haviam sido identificadas antes da publicação. Com o tempo fiquei mais calejada e sempre recebo bem os comentários dos editores. Sou a escritora que sou porque trabalho com meu editor e sua equipe, que nunca aceitaram nada menos que o meu melhor.

A essa altura dos acontecimentos, ninguém vai ficar surpreso de descobrir que meu romance *Garota, mulher, outras* também veio à luz em uma forma literária diferente. Em 2013, recebi uma encomenda para escrever um conto para a Radio 3 da BBC inspirado em *Sob o bosque de leite*, de Dylan Thomas, no centenário do aniversário dele — um projeto perfeito para mim. Em vez de um conto, no entanto, escrevi uma narrativa em verso sobre quatro mulheres negras de Londres bem diferentes entre si, uma das quais era uma mulher trans. Chamei-a de *LondonChoralCelestialJazz* e gravei-a ao vivo num festival no País de Gales. Assim que comecei a escrever a peça, sabia que ela ia crescer e se transformar em um romance. Assim como Thomas havia honrado os habitantes de uma pequena vila de pescadores do País de Gales, decidi que faria o mesmo pelas mulheres negras britânicas, que mal eram visíveis na ficção.

Só uma das personagens da peça de rádio sobreviveu, Carole, e veio a se tornar uma das estrelas de *Garota, mulher, outras*, que comecei a escrever naquele ano. O romance mapeia a vida de doze personagens: onze mulheres e ume personagem não binárie, e encerra uma multiplicidade de idades, épocas, culturas, classes, sexualidades, gêneros, raças, ocupações, ambições, visões políticas, imigrações, configurações familiares, relacionamentos, regiões britânicas e países de origem — abrangendo mais de 120 anos.

As vidas e histórias das personagens são interligadas por meio de uma forma literária que chamei de "ficção de fusão" — que, ao fundir as histórias das mulheres, emprega um padrão pró-poético na página e uma pontuação pouco ortodoxa. Cada mulher tem um capítulo próprio, e elas se inter-relacionam segundo diversos níveis de distanciamento. Há quatro relacionamentos mãe-filha principais, assim como outras configurações familiares e de amizade, e relacionamentos entre amantes e colegas.

Amei escrever nesse formato porque ele me permitiu fluir livremente — da interioridade para a exterioridade, do passado para o presente, da narrativa de uma personagem para outra. Embora as palavras fluíssem na página, não era a mesma coisa que escrita livre ou indisciplinada. Estava bem consciente de todos os componentes da ficção que têm de ser remanejados a cada estágio para que a história funcione. O romance também tinha de ser acessível a todos os leitores, porque não quero que meu trabalho só tenha apelo para quem tem doutorado em ficção experimental. Descobri que, assim que as pessoas vencem as primeiras páginas, nas quais apresento minhas histórias — ficção em versos ou ficção de fusão —, elas acham o romance de fácil leitura.

Também descobri que a decisão de remover certos aspectos da pontuação tradicional pode ter o efeito de transformar a experiência de leitura, como as pessoas me disseram, tornando-a rapidamente mais imersiva. Uma leitora disléxica me disse que se viu devorando o romance porque a ausência de pontuação ortodoxa lhe dava a sensação de não tropeçar à medida que prosseguia.

Eu não poderia ter escrito esse romance quando era jovem porque só estava interessada em criar personagens jovens. Sempre me divirto quando meus jovens alunos criam personagens velhos e frágeis apoiados em bengalas e dizem que eles estão na faixa dos quarenta. Eu teria feito a mesma coisa.

Só agora que vivi um bocado, escutei um bocado, tive um bocado de experiências e testemunhei um bocado de coisas — sobretudo nos meus relacionamentos e interações com mulheres negras — esse livro se tornou realizável. Finalizei-o aos sessenta anos de idade — com um passado significativo atrás de mim e diante de um futuro com menos anos do que já vivi.

Em *Garota, mulher, outras*, as mulheres mais velhas vivem vidas plenas e ricas em todas as idades. Queria que as mulheres mais velhas fossem sãs e não sofressem de demência, o que meio que se tornou um clichê na cultura contemporânea. Fazia um bom tempo que vinha reparando que escritoras mais velhas também tendem a criar protagonistas mais jovens, como se mulheres mais velhas tivessem deixado de ser interessantes como sujeitos ficcionais, quando na verdade acumulamos mais sabedoria, experiências e histórias. Vivemos em uma sociedade gerontofóbica que não é questionada o suficiente a esse respeito, e muitas mulheres jovens temem o envelhecimento em todos os estágios da vida.

Quando completei quarenta anos, uma amiga me deu um enfeite kitsch com o número quarenta escrito nele — como se eu fosse querer tê-lo no console da minha lareira como um lembrete permanente da minha idade avançada. Quando passei dos 45, percebi que estava em contagem regressiva para os cinquenta e fiquei assustada. Aos cinquenta, passei a mudar minha mentalidade negativa. Refleti que, como o envelhecimento é inevitável, preciso começar a abraçá-lo.

As personagens de *Garota, mulher, outras* têm entre dezenove e 93 anos, e, dentro desse contexto, em entrevistas, me vi falando bastante da minha própria idade. Ao fazê-lo, fui capaz de me livrar do tabu em torno do envelhecimento; senti que, ao falar sobre, o havia removido da minha corrente sanguínea. Gosto do fato de que as pessoas saibam minha idade, e com certeza não tenho vergonha dela. Espero ser um modelo para mulheres mais jovens que temem pelo próprio futuro assim que completam 25 anos e para mulheres mais velhas cuja exclusão é reforçada em todos os níveis da sociedade. Nem preciso dizer que, à medida que envelhecemos, precisamos nos cuidar cada vez mais, mas nunca é tarde demais para começar a fazer isso.

No fundo, *Garota, mulher, outras* é um hino polifônico às mulheres negras britânicas e às pessoas não binárias, em toda nossa complexidade imperfeita. Se tivesse que escolher apenas um dos meus livros para dar a meu eu mais jovem, seria esse. Acho que ia aprender um bocado com ele.

Vencer o Booker Prize foi uma experiência transformadora para mim, sobretudo com um romance que é uma celebração das vidas das mulheres negras. A cerimônia de entrega do prêmio aconteceu no salão principal gótico do Guildhall, que foi construído onde havia um anfiteatro romano e que existe na presente encarnação desde 1440. Sentar-se nesse salão é entrar em contato com 2 mil anos de história britânica.

Os jurados do prêmio escolheram duas vencedoras em 2019: Margaret Atwood por *Os testamentos*, a sequência de *O conto da aia*, e eu. Nunca vou esquecer de como me senti exultante quando meu nome foi chamado pelo presidente do júri. Margaret e eu nos encontramos nos degraus do palco e nos abraçamos — duas mulheres, duas raças, dois países, duas gerações — e então subimos ao palco de mãos dadas sob aplausos extasiados. Foi um momento histórico e marcante para a literatura e para a sororidade.

Escrever é bem, bem mais do que um exercício técnico. No passado, derramei lágrimas junto com meus personagens quando fiz da vida deles um inferno, ou os fiz pensar em traumas do passado ou relembrar entes queridos que haviam perdido. Quando estava escrevendo *Lara*, lembro de me acalentar no chão ao imaginar como teria sido a vida dos meus ancestrais escravizados no Brasil. Quando meus personagens sofrem, eu sofro com eles. Quando um personagem a quem era apegada morre, eu choro. Sinto seus medos e alegrias. Escrever de fato pode ser uma forma de vivência para mim, ainda que não tão intensa, nem tão dramática — graças a Deus.

Escrever um romance requer resistência e uma energia implacável, ainda mais quando você não tem certeza se está indo na direção certa e precisa começar de novo. Cada minuto, cada hora, cada dia, cada semana, cada mês, cada ano gastos trabalhando em um manuscrito para que ele materialize a sua ambição requer uma dedicação imensa. Para cada escritor que produz um romance em dois tempos, há muitos outros de nós para quem o processo de escrita é bem mais complicado, embora não seja desprovido de diversão. Quando escritores reclamam que escrever é doloroso, me pergunto por que escrevem. Sem dúvida escrevemos porque é incrivelmente recompensador.

Meu gene experimental, a necessidade de ser diferente, sempre esteve ali, desde o momento em que decidi fazer da minha condição de outsider quando adolescente uma virtude. Não é algo que imponho à minha escrita por razões superficiais ou artificiais. Meu espírito criativo é aventureiro, uma exploração do desconhecido, uma necessidade de transformar o ordinário em algo novo. Escrevo porque sinto urgência em contar histórias, mesmo quando não sei o que essas histórias vão se tornar, ou o que vão revelar quando estiverem terminadas.

Então começo um trabalho de ficção com uma ideia e a desenvolvo através de um enredo, focando o próprio procedimento de contar a história. Não penso demais nesse processo, porque isso atrapalha a escrita. Dou sentido aos temas dos meus romances quando estão concluídos e preciso contextualizar o que escrevi. Só então tenho condições de formular aquilo que considero que sejam suas temáticas subterrâneas. A maioria dos escritores não consegue escapar de falar a respeito dos próprios livros como parte do jogo de autopromoção, e é aconselhável que tentemos definir nós mesmos os seus contextos. Se sabemos que estamos realizando algo diferente porque lemos muita coisa a respeito da nossa temática, precisamos assumir o controle e deixar isso claro.

No entanto, nossos livros existem como obras de arte por si só e, uma vez publicados, estão por conta própria no mundo. Leitores, críticos e acadêmicos, com graus variados de conhecimento da história literária mais pertinente ao nosso trabalho e com pontos de vista, expectativas e gostos pessoais diferentes, vão oferecer as próprias resenhas, interpretações, análises e respostas, que expandem e até mesmo alteram o contexto do livro. Às vezes, o livro que resenham é o único livro nosso que leram, e nem sempre captam direito os fatos básicos. Uma resenha de *Mr. Lover-*

man, publicada em um jornal de grande circulação, começava me descrevendo como uma "jovem poeta performática da região leste de Londres". Naquela altura eu tinha 53 anos. Nunca fui uma poeta performática e nunca vivi na região leste de Londres. O que é que se pode fazer? Pelo menos era uma resenha positiva.

Então escrevemos nossos livros, tentamos estabelecer seus termos críticos, mas não podemos controlar a resposta dos leitores ou dos resenhistas.

Nós, escritores, precisamos desenvolver uma casca grossa — domar nossas decepções e nos tornar estoicos no que diz respeito ao feedback negativo. Alguns ficam arrasados facilmente quando seu primeiro livro não entra na lista de mais vendidos, quando recebem resenhas decepcionantes, ou quando a editora desiste deles, e se sentem desmotivados demais para tentar encontrar outra, ou para apostar na autopublicação se precisarem. Outros são muito elogiados pelo primeiro livro, mas não tanto pelo segundo, algo de que nunca se recuperam. Por outro lado, um ego inflado só vai levar ao húbris. Tenho muito cuidado para não elogiar demais meus alunos de escrita criativa porque muitos não são capazes de lidar com isso. A transformação de humilde e entusiasmado em arrogante e intratável pode se dar em poucas horas.

A maneira como nos portamos quando nossos livros estão à disposição do público pode fazer a diferença entre uma carreira duradoura e uma carreira efêmera. E não importa o quanto os nossos livros estejam se saindo bem, sempre vai haver dissidentes que não gostam deles, que acham que são superestimados. É uma forma de pôr os pés no chão.

Meu objetivo, como sempre, é continuar a escrever histórias e desenvolver minhas habilidades. Não existe uma linha de chegada a partir da qual o artista pare de crescer criativamente; pensar o contrário leva à repetição criativa e à estagnação.

Seis

seox (inglês antigo)
six (inglês)
mẹfa (iorubá)
a sé (irlandês)
sechs (alemão)

influências, fontes, linguagem, educação

Como teatróloga, havia sido ousada e experimental ao utilizar a poesia para escrever peças para o palco, mas como poeta, escrevendo para a página enquanto me embebedava tarde da noite no apartamento em que vivia com a Dominatrix Mental, tinha dúvidas quanto à minha capacidade. Também sentia o peso da tradição inglesa sobre mim. O circuito da poesia britânica era predominantemente branco, embora isso possa ser explicado pelo fato de que a geração de imigrantes negros e asiáticos que chegou à Grã-Bretanha no pós-guerra estava sobretudo ocupada demais criando filhos e se estabelecendo no novo país para se tornar poeta, com um punhado de exceções; ao passo que minha geração, criada na Grã-Bretanha, ainda não tinha amadurecido. Por conta disso, quando comecei a escrever poesia, não achava que havia um lugar para mim na cultura poética daqui, mas isso não me impediu de tentar.

No início dos anos 1980, só existia um curso superior de escrita criativa e não havia muitas outras opções de cursos e oficinas. Consegui entrar em uma oficina de escrita para mulheres negras, só para descobrir que minhas colegas, igualmente inexperientes, esperavam que meus poemas expressassem visões de mundo do feminismo negro. Compartilhava a posição política delas, mas sabia, mesmo naquela época, que queria proteger minha liberdade criativa e que minha poesia nunca ia ser um instrumento de dogma. Alguns anos antes, quando era menos esclarecida, escrevi um troço polêmico e aterrorizante disfarçado de poema condenando os homens. Achei tão bom que enviei para a *Spare Rib*, a revista feminista, mas recebi uma carta de recusa como resposta.

Desde então, aulas de escrita criativa têm se proliferado, e aspirantes a escritores têm se beneficiado imensamente do ensino, do propósito comum, do apoio e da estrutura desses cursos. Um estudante de poesia vai aprender os princípios centrais da poesia em algumas semanas, enquanto isso me custou vários anos, porque eu não tinha ninguém para me guiar e achei os livros sobre a criação poética muito prescritivos e limitados. Eles costumavam ensinar formas tradicionais e era possível nunca topar com um exemplo sequer de escrita de poetas não brancos, ou mesmo referências a outras culturas, o que achei alienante. A poesia não era um exercício de técnica para mim, mas, nos primeiros anos, uma expressão da minha vida interior. Aprendi a escrever poesia do jeito difícil, do jeito demorado, do meu próprio jeito, que, a longo prazo, foi o melhor jeito — para mim.

À medida que descasco as camadas da minha vida, fica claro para mim que minha jornada para me tornar uma escritora de livros começou bem antes de eu ter posto uma caneta no papel. Quando penso nas origens da minha criatividade, sou levada de volta à fonte incontornável, minha infância, em que lia livros porque estava entediada, e estava entediada porque havia pouca coisa para me entreter. Estava espremida entre dois irmãos que, assim que o mais novo cresceu o suficiente, passaram a preferir a companhia um do outro à minha. Às vezes as pessoas imaginam que crescer numa família numerosa significa ter companhia para brincar o tempo todo. Esse pode ter sido o caso até meus sete anos, mais ou menos, mas depois disso os irmãos se uniram de acordo com idade e gênero. Ter oito crianças vivendo numa casa é algo que só fica controlável com a formação de grupos separatistas. As duas meninas mais velhas se unem por um tempinho, e os quatro meninos formam pares com os companheiros de idade mais próxima. Infelizmente, a irmã com idade mais próxima à minha era nova demais para sermos compatíveis.

A abundância de entretenimento perpétuo à disposição dos jovens de hoje é inconcebível em comparação com a minha época. Bem lá na pré-história da minha infância, só havia três canais de televisão com tempo de transmissão limitado; não havia internet, e ainda passariam outros 35 anos até que ela estivesse disponível em uma versão rudimentar para uso doméstico. (Lembro que em 1989 um técnico de telefonia me disse que livros iam poder ser enviados pela linha telefônica. Tentei visualizar um livro físico sendo espremido num telefone e tive certeza de que ele era maluco.) Os principais filmes exibidos na televisão eram produções antigas em preto e branco, havia um punhado de estações de rádio, e aparelhos portáteis de música, como os bons e velhos toca-fitas, ainda não haviam sido inventados, ou pelo menos não para uso geral. Os telefones eram 100% fixos e as secretárias eletrônicas estavam a décadas de distância.

De modo que eu estava quase sempre entediada, e a principal opção para atenuar meu tédio era ler livros, o que minha mãe encorajava. Todo sábado, desde bem pequenininha, caminhava até a biblioteca pública de Woolwich e pegava emprestado dois ou três livros de graça. Como amava ler, minha imaginação se desenvolveu graças às viagens por vidas e ambientes diferentes dos meus. Não registrava a branquitude dos personagens nos livros que lia naquele tempo, pois era muito pequena para entender o que eu estava deixando passar. Hoje defendo livros infantis multiculturais porque as crianças precisam se ver refletidas nos livros como uma validação delas mesmas, para sentirem que pertencem às histórias e aos mitos de seu país. Quando adulta, foi a ausência de tais histórias que me incentivou a escrever a minha própria.

De vez em quando sinto falta da vida pré-frenesi, pré-internet — uma época em que não recebia uma cascata de e-mails diários e as ligações telefônicas não eram agendadas com antecedência. Não faz muito tempo, num retiro de escrita de duas semanas com acesso limitado à internet, fiquei impressionada de perceber como me sentia calma, bem mais introspectiva, mais em contato comigo mesma e capaz de pensar com mais clareza, mais profundidade. Lembro que isso costumava ser normal. Era o ambiente de escrita perfeito.

Ler livros — ao contrário de ler e-mails com pressa, vasculhar as redes sociais ou passar os olhos nos conteúdos de notícias —, era e é uma experiência muito relaxante. Quando criança, minha leitura era privada — uma experiência solitária. Não lembro de falar sobre o que eu lia, exceto no contexto das aulas de inglês na escola. Foi uma boa preparação para a minha futura carreira de escritora. Talvez a razão pela qual tenha seguido em frente como escritora ao longo das décadas seja minha capacidade e, no fundo, meu desejo de recolhimento e introspecção, como requer a escrita, e isso foi cultivado desde o momento em que fui capaz de ler por conta própria quando criança.

Mais recentemente, vim a entender de que maneira minha criação católica desempenhou um papel no meu instinto de produzir poesia assim que comecei a escrever. Por um bom tempo, eu pensava na poesia como uma espécie de dom que havia surgido do nada. Levei um bom tempo até me dar conta de que tinha estado impregnada de poesia quando criança.

Por mais que ficasse entediada com a missa católica a que era forçada a assistir quando criança, e por mais que desprezasse os padres hipócritas, eles devem ter tido uma influência subliminar com o espetáculo dramático e poético das cerimônias da igreja. A única coisa de que gostava na minha obrigação de assistir à missa era a performance envolvida. Nos primeiros quatro anos da minha educação primária, frequentei um colégio de freiras onde tínhamos uma missa matinal diária na capela e, além disso, eu frequentava a missa aos domingos.

A Igreja de São Pedro de Woolwich podia muito bem ter sido a Basílica de São Pedro de Roma, de tão grandiosa e imponente que ela parecia para o meu pequenino eu. Quando estávamos suficientemente crescidos, meus irmãos e eu entrávamos nos arrastando, no geral em cima da hora, porque nossa mãe tinha vários de nós para vestir, e tomávamos nossos lugares em alguns bancos. Se ousássemos sussurrar entre nós, um dos paroquianos se virava para nos repreender. Lembro de uma vez em que o padre maldoso parou a missa enquanto entrávamos na igreja, de modo que todos se viraram para assistir ao desfile envergonhado das criancinhas negras arrastando os pés pelo corredor.

Nos anos 1960, a missa — chamada de Missa Tridentina — era rezada em latim, uma língua morta, então dificilmente ia conquistar uma criança. Do século XVI em diante, a missa católica no mundo todo manteve essa tradição antediluviana que confundia a maior parte da congregação. Ainda assim, tenho uma lembrança difusa de apreciar os sons estranhos, a entonação lúgubre do latim com seus ritmos poéticos e suaves.

Quando sensatamente a missa passou a ser em inglês, devo ter absorvido sua estrutura narrativa básica, ainda que repleta da caracterização bidimensional de Deus como o bonzinho e do diabo como o malvadão. Devo ter notado a forma narrativa da missa com o padre como protagonista, o mal que espreita em cada um de nós como antagonista, a ameaça da danação eterna como consequência do nosso mau comportamento — e o céu ou o inferno como nosso desfecho. (Estruturas narrativas estão por toda parte, não apenas em histórias.)

Eu tinha inveja dos coroinhas encarregados de estender o pano de linho de um branco imaculado por cima do corrimão diante do altar, deixando tudo pronto para a congregação se ajoelhar e receber a consagração. Aquilo funcionava como uma toalha de mesa vertical, e durante anos sonhei em estar ali, alisando os vincos com solenidade e perícia para que tudo ficasse perfeito. Admirava a importância deles na cerimônia. Quando era chegada a hora da sagrada comunhão, eu me unia à fila que descia pelo corredor na direção do corrimão, onde ia me ajoelhar no banco e esperar o padre, sempre acompanhado de um coroinha, se aproximar e colocar a hóstia branca, delicada e deliciosa, que derretia na boca, na minha língua, seguida de um golinho de vinho, simbolizando o corpo e o sangue de Cristo.

Infelizmente não pude virar coroinha porque era menina, e nós meninas sabíamos nosso lugar na hierarquia da Igreja Católica. Quando crescêssemos, nossas funções seriam limpar a igreja, virar cozinheiras e empregadas dos padres, manter o estoque de velas abastecido e preparar chá e bolos quando houvesse eventos sociais.

Quando penso na missa, lembro dela como uma performance teatral: a poesia rapsódica dos salmos que todos nós entoávamos em uníssono, os hinos que cantávamos, a música comovente do órgão, o incenso aromático que inalávamos à medida que emanava do incensário do padre enquanto ele seguia num cortejo pelo corredor usando aquelas vestimentas deslumbrantes. Como aquilo era inebriante, como era teatral, naquele ambiente rococó, dourado e mais dourado, pedra e madeira, as cenas bíblicas entalhadas e esculpidas em relevos e estátuas, as colunas e arcos imponentes, a luz brilhando através dos vitrais ornamentados. Toda aquela iconografia religiosa, todo aquele simbolismo e ritual se solidificando na minha memória celular, dia após dia na escola primária, e semana após semana durante os dez anos em que fui sem falta à igreja todo domingo.

Foi, portanto, assim tão surpreendente que, quando comecei a escrever para o teatro, alguns anos depois de deixar a igreja, isso tenha se dado pela linguagem elevada da poesia?

Influências literárias são importantes, mas carregamos tantas coisas mais dentro de nós que se transformam na nossa criatividade.

E quanto à influência da literatura grega antiga na minha imaginação de escritora, com sua poesia épica e seu drama poético, que estudei na escola em traduções? A Antígona rebelde da peça homônima de Sófocles falava com tanto poder para mim quando eu era adolescente.

Do mesmo modo, aprender línguas estrangeiras na escola — francês e latim durante cinco anos cada, espanhol durante dois — deve ter me dado confiança para brincar com a linguagem em minha ficção. Como escritora, preciso ouvir meus personagens falarem para que ganhem vida dentro da minha cabeça, e minha propensão às narrativas em primeira pessoa faz deste um requisito essencial na construção de uma ficção convincente. A palavra falada se torna a palavra escrita, ou melhor, a palavra ouvida se torna a voz do personagem. Salpiquei línguas estrangeiras ao longo do texto na maioria dos meus livros, e procuro reproduzir a maneira como as pessoas falam quando e como posso.

Também me pergunto se o inglês errado do meu pai foi uma influência na minha escrita. É claro que as vozes que ouvimos ao crescer influenciam nossa escrita de alguma maneira. Tenho uma tendência natural à fala popular, que pode ser mais desafiadora do que recriar a norma culta. Capturar a essência de uma fala que não seja a do inglês-padrão, quase sempre numa aproximação em vez de reprodução, e sem recorrer à caricatura ou transformá-la em algo incompreensível para o público geral, requer uma sensibilidade sonora que pode ser cultivada. Vale a pena, porque a fala popular tem estímulos democráticos através dos quais cada comunidade, cada classe, cada região, cada cultura, cada expressão se torna audível, importante e digna de inclusão.

Notei que diversos escritores britânicos apontam Virginia Woolf, Jane Austen, Emily Dickinson e Henry James como influências literárias, e entretanto, quando eu era uma jovem mulher, sentia que estava escrevendo contra eles. Ler era uma experiência prazerosa e envolvente para mim, mas não foi quando tive que ler *Ao farol*, de Virginia Woolf, para a escola. Agora sou fã, mas levei um bom tempo para voltar a seus escritos, como *Orlando* ou *Mrs. Dalloway*, porque quando era adolescente tinha tido uma reação muito visceral contra ela.

Escritoras negras eram as que eu precisava ler quando era uma jovem mulher, e não encontrei nenhuma na Grã-Bretanha que houvesse nascido ou crescido aqui e escrito nossas histórias dessa perspectiva. Minha inspiração vinha das norte-americanas: Audre Lorde, Toni Morrison, Gloria Naylor e Alice Walker eram as principais entre elas, e claro que Ntozake Shange; e Michelle Cliff, escritora de origem jamaicana, e a romancista nigeriana Buchi Emecheta, que chegou ao Reino Unido em 1962 já adulta, e escrevia acima de tudo sobre a Nigéria.

Essas foram as autoras que destacaram a vida das mulheres negras e, ao fazer isso, me autorizaram a escrever. De fato me ensinaram a escrever através do próprio exemplo, assim que consegui superar o fardo de sua grandeza, que prejudicou minha autoconfiança por um tempo. Levou um tempo até superar a vozinha insistente na minha cabeça dizendo que eu nunca seria tão boa quanto elas. Tive que aprender que nunca escreveria como pessoas que pertenceram a uma geração, cultura e contexto diferentes. Só precisava escrever como eu mesma, embora falar seja bem mais fácil do que fazer.

Em busca do meu eu mais jovem, me voltei para meus boletins escolares, alguns dos quais eu não lia havia 55 anos. São reveladores. Aos seis anos, no meu colégio de freiras, minha professora escreveu: "Bernardine gosta de ler, mas tende a ser um pouquinho descuidada com os trabalhos escritos… e tem tendência a falar demais. A tabuada precisa ser aprendida". Amo essa evidência de que eu já tinha afinidade com a literatura, e a prova de que era horrível em matemática desde o princípio. Do primário ao secundário, matemática e ciências eram tão impenetráveis para mim que as abandonei assim que pude. Meus professores diziam que eu não dava o melhor de mim, mas eu sentia que meu cérebro não tinha sido programado para matemática e ciências e odiava aquelas aulas.

Em Eltham Hill, minha professora de inglês observou que meu "trabalho escrito é sempre vibrante e original, embora ocasionalmente ela se expresse de forma um pouquinho descuidada". Amo isso também — talento à vista, mas com trabalho a ser feito! Ela relatou ainda: "O trabalho escrito de Bernadine [sic] reflete seu interesse e, se continuar com o mesmo esforço, ela vai se sair bem". Porém a falta de rigor era um assunto recorrente, sem surpresa alguma, porque eu não estava interessada no detalhe. Minha professora de civilizações clássicas escreveu, "Bernadine [sic] precisa se dar conta de que seu interesse neste assunto deve ser amparado por um estudo minucioso"; meu boletim de literatura grega traduzida concordava: "Bernardine fez progressos ao longo do ano. Os ensaios dela são bem escritos mas com frequência carecem de fatos relevantes".

Isso é totalmente eu, mesmo hoje, ainda que em um grau bem menor. É por isso que me tornei escritora de peças e romances, para poder inventar meus próprios fatos.

Devo ter ficado muito lisonjeada quando a diretora assinou um boletim de quando eu tinha quinze anos com, "Bernadine [sic] desenvolveu uma personalidade agradável e madura". Fui até mesmo capitã dos jogos naquele ano, mas não tenho nenhuma lembrança. Quando tinha uns dezesseis ou dezessete, a professora de educação física escreveu, seca: "Bernadine [sic] não participou de nenhuma aula de EF este semestre".

Uma coisa fica muito clara para mim quando olho meus antigos boletins escolares, que é a incapacidade da maioria dos meus professores de soletrar meu primeiro nome corretamente, omitindo o segundo "r", um pesadelo que continua até hoje. Então um grande zero para eles por fracassarem na ortografia. (*Se esforcem mais!*)

Minha principal lembrança dos meus anos de estudante é sonhar acordada olhando para o céu pela janela de qualquer sala de aula. Não gostava do aspecto regimental de ser mandada, ainda que me comportasse nos conformes, como todas nós — éramos meninas boazinhas. Minha pior atitude, aos catorze anos, foi ter enfiado dois balões sob meu pulôver e me exibido na frente do professor de química, que tinha tanto medo de nós, que o provocávamos sem parar. Ele vociferou para eu me sentar. Eu me sentei, e terminou por aí.

Tenho muito orgulho de ter recebido notas baixas em bordado e ciência doméstica (culinária), disciplinas obrigatórias nos dois primeiros anos do ensino secundário e que não eram ensinadas nos colégios de meninos. Nos colégios dos anos 1970, quando a revolução feminista supostamente estava em curso, as meninas aprendiam as artes domésticas, enquanto os meninos aprendiam desenho técnico, marcenaria e metalurgia. As meninas jogavam hóquei e lacrosse, os meninos jogavam futebol americano e rúgbi. Meu colégio incutiu em mim a ideia de grandeza. Não havia nenhuma senhorita Jean Brodie dizendo que éramos "La crème de la crème". Ninguém nos encorajava a ter ambição e tornar nossos sonhos realidade. E havia até mesmo o equivalente a uma sala de datilografia para meninas que eram consideradas um fracasso acadêmico, para prepará-las para uma vida de datilógrafas, não importava que aquela fosse uma escola secundária de excelência.

Aos dezoito anos, deixei a escola com onze colocações em exames de nível ordinário [O-level], dois dos quais eram exames de nível avançado [A-level] em que fui mal e se tornaram colocações de nível ordinário. Minhas notas mais altas alcançavam um oito e a partir daí caíam, mesmo nas matérias de que gostava. Tirando o teatro, não me empenhei e não me importei, porque os cursos de teatro dificilmente exigiam quaisquer qualificações acadêmicas naquele tempo. Agora são cursos de graduação, mas na época os estudantes eram aceitos pelos testes, porque as qualificações acadêmicas não mediam a capacidade de atuação. Claro, a inteligência e a inteligência emocional têm sua importância, mas ser capaz de tirar boas notas em provas e escrever ensaios não equivale a ter talento para atuar.

Agora como professora, no entanto, teria encorajado meu eu mais jovem a se esforçar mais, mesmo que não precisasse das notas para a carreira que escolhi. Diria a mim mesma que estudar faz bem para o cérebro, que o conhecimento ia ajudá-la a se orientar pela vida afora e que é importante se dedicar à tarefa que se tem, para aprender a ter autodisciplina e comprometimento. (Eu não teria ouvido, é óbvio.)

Assim que me encontrei como escritora, minha ética profissional se tornou impressionante. Trabalho o tempo todo, os dias da semana se mesclam com finais de semana, os dias com as noites, e nunca saio de férias. Poderia sair, mas não saio porque sempre há trabalho demais a ser feito e, como amo meu trabalho, não sinto que estou perdendo coisa alguma.

Aos quarenta anos, fiz um curso de extensão em literatura inglesa com aulas noturnas na Birkbeck College. Vinha escrevendo ensaios para diversos veículos havia bastante tempo, mas ansiava por um estofo intelectual mais consistente. Queria ser estudante de novo. O ensino oferecido era superior à minha escolaridade, e não só estava entusiasmada com meus estudos como tinha autorização oficial para me lançar à escrita de ensaios acadêmicos, apesar de achar os detalhes específicos das referências tediosos. Eu havia mudado nesse meio-tempo, mas não tanto. Fiquei radiante de afinal me tornar uma aluna-modelo, e em seguida fiz um doutorado em escrita criativa na Goldsmiths, Universidade de Londres, parte crítico, parte criativo, em que minhas habilidades acadêmicas foram testadas mais a fundo com o desenvolvimento de uma tese crítica extensa, a qual também gostei de pesquisar e escrever.

Se aos dezesseis anos tivessem me perguntado quais dos meus colegas estavam destinados a ter uma carreira de sucesso, eu teria citado aqueles que se saíam muito bem academicamente. E no entanto aprendemos, em algum momento, que a vida exige bem mais de nós do que a capacidade de tirar boas notas. Combater a dificuldade e a decepção no início da vida pode instilar uma força e determinação que não possuiríamos de outra maneira. Os jovens acham que vão fracassar no futuro se não forem bem-sucedidos do ponto de vista acadêmico, mas conheci pessoas que se saíram muito bem academicamente cujas carreiras logo estagnaram ou decaíram, e pessoas cujo insucesso acadêmico não as impediu de terem excelentes carreiras, talvez *porque* isso tenha representado uma dificuldade para elas quando eram jovens. A mesma coisa no meio da arte — você precisa de reveses logo cedo para desenvolver a resiliência que vai fazer de você alguém implacável. A vida nos apresenta obstáculos. Não é uma viagem tranquila para ninguém, e, embora pessoa alguma queira enfrentar dificuldades, é a única forma de desenvolver resiliência.

Sete

seofon (inglês antigo)
seven (inglês)
meje (iorubá)
a seacht (irlandês)
sieben (alemão)

o eu, ambição, transformação, ativismo

O desejo por instrução acadêmica do qual comecei a me dar conta em meados dos meus quarenta anos havia sido precedido pelo desejo por outro tipo de aprendizado — desenvolvimento pessoal, no qual embarquei quando tinha uns trinta anos. Como descrevi antes, havia deixado o teatro para trás e queria tentar uma carreira como autora publicada, o que era um passo gigantesco rumo ao desconhecido, porque eu não sabia se tinha o talento para concretizar isso. Mas havia dado uma boa olhada nas opções e decidido que a coisa que amava fazer mais do que tudo era escrever, então por que não seguir em frente? Lembro de pensar que não queria viver com arrependimentos, virar uma pessoa "e se", que nunca assumiu o risco de ir atrás de seu sonho.

Ninguém estava esperando meus manuscritos, os agentes não estavam em busca do novo talento de pele negra, como fazem agora nas redes sociais. A ideia da autoria negra britânica não era só marginalizada, ela mal entrava no radar de um setor da literatura que não era capaz de compreender direito que essa parcela da população existia, ou que era digna de ser publicada. Editores diziam a autores negros que não havia mercado para as nossas vozes, o que demonstra o quanto estávamos à margem. Escritores que se inspiravam em seus outrora colonizados países de origem podiam se dar bem, mas a experiência dos negros nascidos na Grã-Bretanha era considerada pouco relevante.

Naquela época, eu sentia que estava escrevendo num vácuo enquanto esperava que alguém decidisse publicar meu trabalho. *Island of Abraham* estava circulando entre os editores enquanto eu escrevia *Lara*. Sabia que, se eu fosse publicada, em certo sentido estaria tornando a cultura literária mais inclusiva. Ainda que a ambição pessoal fosse minha principal motivação, também pensava nas questões mais amplas envolvendo arte, literatura e comunidades negras. Via como meu dever superar minhas dúvidas e fraquezas pessoais para terminar de escrever, pois como poderia reclamar da nossa situação se eu mesma não conseguia entrar nos trilhos?

Para ajudar na missão, frequentei cursos motivacionais e li livros de desenvolvimento pessoal, o que me encorajou a ser mais ambiciosa do que jamais tinha sido antes. Ouvia gravações de áudio quando ia para a cama, permitindo que as palavras motivacionais ("sinta o medo e vá em frente mesmo assim" e "acreditar que você é capaz é meio caminho andado") submergissem no meu cérebro e o reprogramassem enquanto eu dormia. Aprendi a transformar a ambição numa visão, a criar objetivos que aparentemente eram impossíveis, porque entendi que objetivos fáceis de serem alcançados não são de modo algum uma visão, apenas uma próxima fase, um pequeno passo.

A lição mais importante que aprendi foi cultivar a arte do monólogo interior positivo contra a dúvida, auxiliada pela escrita de "encorajamentos" alegres em bilhetinhos e pela leitura deles em voz alta várias vezes por dia. Um encorajamento é uma declaração pessoal, fervorosa e positiva, com o verbo no presente, a respeito de algo que você quer conquistar, mas escrita como se o objetivo *já tivesse sido conquistado*. Não é um anseio ou uma esperança de que alguma coisa possa acontecer, mas uma declaração de que ela já aconteceu — uma maneira de produzir a realidade desejada, não por meio de algum tipo de feitiço abracadabra, mas tomando as medidas necessárias para atingir o objetivo. Ainda uso encorajamentos para me encher de confiança e de comprometimento para fazer o melhor em tudo — pessoal e profissionalmente.

Escrever um encorajamento positivo é o oposto de se preparar para o fracasso. É treinar a mente para esperar os melhores resultados, como no caso das visualizações criativas — outra ferramenta da minha coleção de habilidades de desenvolvimento pessoal —, em que você visualiza o cenário ideal para o que você está tentando obter. Hoje em dia, o termo genérico para essa prática é "manifestação". Claro, nem preciso dizer que ainda é necessário pôr a mão na massa. Os desejos raramente se materializam do nada. Um namorado norte-americano que conheci numa boate se apresentou para mim como escritor. Fiquei impressionada, mas depois descobri que o roteiro dele não tinha mais do que umas poucas páginas. Ainda assim, gostei daquele norte-americano descarado, até perceber, no decorrer de dezoito meses, que a escrita dele nunca progredia para além de umas poucas páginas. A manifestação não dá certo se você não der o melhor de si.

E se você der o melhor de si, mas não obtiver o resultado desejado, você se põe de pé depois da decepção e segue em frente de qualquer jeito, mantendo o pensamento positivo. Na verdade, nos últimos anos, melhorei a ideia de pôr-se de pé e passei a dizer aos meus alunos para "se porem de pé no ato da queda", então na verdade eles nunca se estatelam no chão. Isso foi útil para mim. Vou me convencer a superar as decepções assim que elas começam, e assim não vou me ver na espiral descendente da autopiedade.

Mesmo agora, quando estou prestes a escrever um novo livro, rabisco uma afirmação declarando que ele é maravilhoso — sem ter escrito uma única palavra. Isso não quer dizer que eu seja delirante ou idiota. Em vez disso, quer dizer que estou me enchendo de energia e positividade e esperando o melhor resultado possível da minha criatividade, em vez de abordar meu trabalho com medo daquilo que eu prevejo que serão suas fragilidades inevitáveis.

Aprendi, com o tempo, a rejeitar por completo o conceito de fracasso, apesar de ser o antônimo de sucesso; então, se acredito em um, por que não no outro? Acho que é porque o conceito de fracasso tem nele um caráter negativo tão definitivo. Como "divulgadora da positividade", como uma pessoa me chamou um dia desses, acredito que, à medida que avançamos na nossa vida, quando as coisas não saem conforme o planejado, isso só nos leva para a próxima fase, e para a fase depois dela. Em essência, acho a ideia do fracasso desmotivadora.

Quando *Lara* foi publicado, escrevi um encorajamento relacionado a vencer o Booker Prize — uma fantasia tresloucada, porque eu estava tão longe de vencê-lo quanto um autor podia estar. Ainda assim, tinha visto de que maneira vencer aquele prêmio podia melhorar a carreira dos autores, trazendo seu trabalho à atenção de um público mais amplo, e, já que estava pensando grande, parecia óbvio me imaginar vencendo-o. Ao longo dos anos, meu trabalho não foi feito sob medida *para* vencer o Booker Prize, isso seria uma falta de integridade criativa e seria impossível de adivinhar, com um júri diferente todo ano. Apenas queria aquilo no meu horizonte. É como um ator que se compromete a fazer o melhor possível em cada papel, enquanto sonha ou visualiza que um dia vai ganhar um Oscar.

Uma mentalidade positiva (MP) tem me dado forças sempre que preciso lidar com a solução de problemas no processo de escrita e com minha carreira de modo geral. Mesmo quando as probabilidades estavam todas contra mim, acreditei que, de algum jeito, algum dia, eu ia derrubá-las. Isso não significa ignorar a negatividade que existe por aí, ou acreditar que é possível eliminar totalmente a insegurança, mas ajuda a diminuir as chances de se deixar arrasar por ambas.

À medida que minha decisão se aprofundava com o passar das décadas, eu nunca estive preparada para aceitar menos do que desejava. Uma escritora certa vez me disse que a água encontra o próprio nível, e ela tinha encontrado o dela, o que em termos concretos significa que ela sempre espera que os livros dela não vendam muito, e aceita isso como destino. Eu nunca conseguiria ser tão resignada. Treinei minha mente para esperar o melhor que minha profissão tem a oferecer, mesmo quando isso não acontecia. Durante vários anos, as vendas dos meus livros eram tão baixas que eu nunca olhava as declarações de direitos autorais semestrais quando elas chegavam. Ótimas resenhas nunca eram o suficiente para significar uma mudança para um número respeitável de unidades. Nem eu podia seguir outro rumo e escrever o que chamam de "ficção comercial" em vez de "ficção literária", algo que me aconselharam porque é a ficção comercial que domina a lista dos mais vendidos. Tive que me manter fiel aos meus próprios impulsos artísticos enquanto ainda assim desejava um número gigantesco de leitores para meus livros. Eu era teimosa e aparentemente iludida, até que a visão se converteu em realidade quando venci o Booker Prize e tudo mudou: meu romance radical, experimental e extremamente literário encontrou um lugar entre os dez mais da parada de sucessos durante 44 semanas.

Agora preciso dizer que é muito importante guardar seus sonhos para você, porque uma vez que você pisa no território da "visão", muitas pessoas vão impor as próprias limitações a você, e o melhor é não lhes dar essa oportunidade. Precisamos nos proteger dos pessimistas.

* * *

Os autores atuais são mais antenados do que eu era quando comecei a publicar. Tanta coisa agora pode ser conquistada on-line, ou por meio de organizações literárias empenhadas em auxiliar aspirantes a escritores e em desmistificar o mercado para pessoas de fora, como é o caso da Spread the Word. Quando comecei, a menos que você tivesse um conhecimento privilegiado, ou conexões no circuito literário estabelecido, o mundo editorial parecia impenetrável.

Não recebi adiantamento por nenhum dos meus dois primeiros livros, só estava aliviada de ter encontrado editoras. Eu era ingênua em relação ao mercado porque não me dava conta de que é mais difícil para um livro vender bem se ele sai por uma editora pequena e desconhecida, batalhando do lado de fora do ecossistema literário estabelecido. Quando *Island of Abraham* foi publicado, meu namorado banqueiro me perguntou quanto tinham me pagado por ele. Ele achou que eu era louca quando respondi que não me pagaram absolutamente nada. (Em vez de um adiantamento, o contrato dos livros só previa direitos autorais.) Ele nunca mais perguntou sobre o livro, nem se deu ao trabalho de folheá-lo. Aquilo me lembrou da vez em que eu estava em um acampamento turco lendo um romance que era um tijolo. Uma fazendeira, que trabalhava nos campos ali perto, pediu para dar uma olhada nele. Estendi-o, ela o pesou com as mãos, sentiu como era sólido e declarou, confiante, "Bom livro".

Alguns dos meus alunos dizem que querem escrever livros a fim de se tornarem ricos e famosos. Não é um excelente motivo para seguir o caminho das artes, embora não haja nada de errado em desejar qualquer um desses indicadores de sucesso, mas a realidade é que manter uma carreira duradoura como escritor exige uma conexão mais estreita com o ofício.

Como minhas duas primeiras editoras eram pequenas, com um orçamento de marketing diminuto, eu mesma me encarreguei de divulgar meus livros, porque sabia que devia assumir a responsabilidade pela publicidade deles e assim progredir na carreira. E, porque estava num surto de positividade, interpretei o ditado "Não é seu QI, mas quem indica você" não como uma crítica ao status quo, mas como um conselho valioso, e comecei a fazer contato com outros escritores com a intenção de diminuir o abismo entre mim e o mercado. Ainda que não estivesse muito entusiasmada com *Island of Abraham* quando ele foi publicado, me forçava a divulgá-lo, e fiz isso de novo, com mais empenho, para promover *Lara*. Sempre carregava exemplares sobressalentes comigo, e metia o livro nas mãos dos críticos que encontrava nos eventos literários, aos quais comparecia assiduamente para ampliar meus contatos.

Assim que *Lara* foi publicado, meu esforço foi ao limite. Paguei para imprimir milhares de folhetos de divulgação, e enviava-os por mala direta para organizações de arte e literatura, que cobravam uma taxa pelo serviço. Também elaborei uma lista de todos os departamentos de literatura de universidades britânicas e enviei-lhes cartas personalizadas e cópias do livro para tentar dar palestras e talvez entrar em uma ou duas listas de leitura. Meus esforços foram basicamente ignorados, mas pelo menos eu tinha tentado. Sabia que, se pusesse minha energia na promoção do livro, pelo menos receberia algum retorno, ao passo que, se não fizesse nada, nada aconteceria.

Aceitava comparecer a leituras sempre que era convidada, quase sempre sem pagamento. Notei que o departamento de literatura do British Council levava autores para viagens internacionais de divulgação, e, em vez de esperar que me notassem algum dia, enviei meus livros e marquei uma reunião com eles, evidentemente visualizando um resultado positivo. Funcionou, e a porta foi aberta. Depois disso, iniciei uma parceria de larga escala com eles por vários anos — fazendo eventos literários bem pagos, viagens de divulgação e residências. Foi um avanço na carreira, pelo qual sou profundamente grata. Enquanto isso, apesar dos meus esforços, propostas para comparecer a alguns dos festivais literários do Reino Unido não se materializaram, mesmo hoje em dia.

Meus dois primeiros livros não foram resenhados nos jornais do país, com exceção de uma menção ao "Livro do Ano" no *Daily Telegraph*, feita pela romancista Maggie Gee, que tinha gostado e foi uma das primeiras apoiadoras da minha escrita. Nunca fui tema de matérias ou perfis detalhados nas páginas culturais, que indicam uma atenção significativa dada a um escritor ou escritora relevante. Achava que meu trabalho era suficientemente interessante, assim como eu, mas aquilo me escapava. Toda vez que abria os jornais dominicais, escritores estavam sob os holofotes. Dei duro para manter minha MP quando aquilo não aconteceu para mim.

Sempre serei grata aos acadêmicos que acharam que meus livros mereciam estudos sérios, que os resenharam longamente em revistas como a *Wasafiri*. Teóricos do pós-colonialismo foram os primeiros a defender meus livros; não tenho como agradecer o suficiente, embora nunca tenha me visto como pós-colonialista, só como britânica. Embora tenha minhas objeções quanto à terminologia, pelo menos meus livros foram tratados como dignos de atenção.

Listas de leituras em cursos de inglês e escrita criativa com frequência eram predominantemente brancas, quase só masculinas, com algumas exceções simbólicas. Gosto de pensar que isso mudou há pouco tempo, porque, do contrário, qual é o futuro para a literatura negra quando parece existir uma moratória tácita no que se refere a ensiná-la aos pensadores, profissionais e líderes do futuro? Campanhas para ampliar o currículo de escolas e universidades têm desafiado as tendências de ensino imperialistas no sistema educacional há algum tempo, lutando contra a resistência enraizada daqueles que acreditam na supremacia de certas parcelas da população sobre outras: de brancos sobre negros, homens sobre mulheres, classe média sobre classe operária, hétero sobre queer.

À medida que eu continuava a publicar livros, jovens escritores surgiam na cena literária, muitas vezes passando batido por mim rumo ao céu estrelado enquanto eu tentava de verdade não me sentir como se estivesse sozinha numa trincheira lamacenta. Tinha aprendido com meu próprio treinamento de desenvolvimento pessoal que comparações são autodestrutivas, então me esforcei para focar em minha trajetória singular e expulsar qualquer ressentimento do meu íntimo. Via como isso arrasava outros escritores, que se tornavam amargurados, reclamando, culpando, às vezes sofrendo bloqueio criativo como resultado. Nunca quis ser desse jeito, ou perder tempo com pessoas que irradiavam negatividade. Quando se está num embalo de positividade, a armadilha da negatividade é um atoleiro que você quer evitar. Eu procurava transformar os primeiros sinais de ciúme em sentimentos e ações de generosidade — meu objetivo era apreciar e apoiar o sucesso de outros escritores, mesmo quando as conquistas ou distinções deles ofuscavam as minhas. Não era fácil, mas estava determinada a não permitir que o ciúme me envenenasse. Ao mesmo tempo, era ambiciosa e não podia, não *ia*, aceitar o que eu tinha, porque o que eu tinha não era suficiente — não para mim, ainda que de acordo com alguns indicadores eu fosse cada vez mais bem-sucedida.

Novos escritores negros e asiáticos publicando hoje vão ver-se lançados em uma cultura mais integrada e multirracial. Ao lado de outras pessoas, venho agindo há bastante tempo para que isso aconteça através de cada porta aberta para nós na mídia convencional e nas redes sociais. Já nos anos 1980 houve a campanha Maior Acesso à Publicação [Greater Access to Publishing], cocriada pela editora Margaret Busby, que tinha o objetivo de diversificar o mercado e foi seguida por outras campanhas. Vale a pena observar que antes da ideia de ativismo ter se espalhado no circuito tradicional, o que é relativamente recente, costumava haver um preço a ser pago quando se erguia a voz, que era tornar-se uma persona non grata. Mas se não erguermos nossa voz, nada muda.

Talvez minha iniciativa mais impactante tenha sido o programa de mentoria de poesia The Complete Works [Obra Completa] (2007-2017), organizado para compensar a invisibilidade de poetas não brancos no mercado editorial britânico. A origem do programa pode ser rastreada ao período em que eu integrava o júri da prestigiosa lista da Nova Geração de Poetas (2004), que a cada década celebra os melhores vinte poetas que tenham publicado coletâneas de estreia nos dez anos anteriores. De 120 poetas, nenhum autor negro ou asiático havia sido apresentado, então pedi educadamente aos organizadores para incluir os cinco poetas que eu sabia que eram qualificados. Eles resistiram e só concordaram quando ameacei, sem estardalhaço, me retirar do júri. No final, apenas um poeta não branco figurou na lista, o que era ligeiramente melhor do que nenhum.

De todo modo, isso foi o catalisador do meu próximo passo. Abordei a Spread the Word e o Arts Council England [Conselho de Artes da Inglaterra] para investigar a questão, o que eles fizeram, dando origem ao relatório *Free Verse* [Verso Livre]. O relatório revelou que menos de 1% dos livros de poesia publicados no Reino Unido eram de poetas não brancos. Quando ele foi publicado, eu não me sentia preparada para deixá-lo para trás como havia feito com outros relatórios: arquivados e esquecidos. Então dei início a um programa de mentoria, The Complete Works, junto com a Spread the Word e a doutora Nathalie Teitler. Financiados pelo Arts Council, trinta poetas recebiam mentoria por um período de um a dois anos. Fico feliz em poder dizer que hoje eles estão entre os principais poetas britânicos, publicando várias coletâneas e arrebatando prêmios. Por exemplo, desde 2015, três ex-alunos, Raymond Antrobus, Jay Bernard e Sarah Howe, foram agraciados com o prêmio Jovem Escritor do Ano do *Sunday Times*.

Da mesma forma, fundei em 2012 o anual Brunel International African Poetry Prize [Prêmio Internacional Brunel de Poesia Africana] para contribuir para a causa da poesia africana, que precisava de um incentivo. Naquele ano, presidi o Caine Prize for African Writing [Prêmio Caine para a Escrita Africana], que, desde sua criação em 1999, tem revolucionado o destino da ficção africana. Eu me perguntava se podia fazer o mesmo pela poesia. Tive uma conversa com meu chefe na Universidade de Brunel a esse respeito, e ele se ofereceu para custear a quantia de 3 mil libras para o prêmio, o que faz dele, surpreendentemente, o prêmio de poesia africana mais bem pago do mundo. Criei um website, pedi a amigos escritores que julgassem as inscrições como um favor e o divulguei nas redes sociais. Evitando comitês e burocracias, tenho continuado a administrar o prêmio no meu próprio ritmo. Às vezes, essa é a forma mais eficiente de resolver as coisas.

A primeira vencedora foi Warsan Shire, que veio a colaborar com Beyoncé no álbum *Lemonade*. Algumas vezes há um único vencedor; outras, três. Como o objetivo do prêmio é contribuir para a causa da poesia do continente africano, estou feliz que ele tenha se propagado um pouquinho por aí. De novo, trabalhar em parceria importa, e, desde sua criação, tenho trabalhado ao lado do poeta Kwame Dawes, amigo de longa data, que comanda o

African Poetry Book Fund [Fundo para Livros de Poesia Africana] (APBF) e suas publicações e prêmios nos Estados Unidos. Todos os poetas que venceram ou foram finalistas do Prêmio Brunel já foram publicados, alguns deles pela APBF. Hoje, poetas africanos também são publicados em bom número e se tornaram uma força importante a impactar o cenário da poesia internacional.

Outras iniciativas voltadas para a diversidade incluem a organização da primeira grande conferência de teatro da Grã-Bretanha, Future Histories [Histórias Futuras], em 1995, numa época em que a maioria das companhias de teatro negras e asiáticas fundadas nos anos 1980 tinham fechado as portas. Também organizei a primeira grande conferência de escrita negra britânica, Tracing Paper [Traçando Papel], em 1997, que foi concebida para fazer um balanço do surgimento de uma geração de escritores nascidos no Reino Unido que então estavam sendo publicados em maior número do que em qualquer outro período. Conferências são reuniões comunitárias importantes para discutir questões e interesses específicos, e era importante criar um espaço para isso, para avaliar o passado e planejar o futuro.

Meu último projeto é como curadora da Black Britain: Writing Back [Grã-Bretanha Negra: Escrevendo de Volta], uma série organizada com meu editor, Hamish Hamilton, da Penguin do Reino Unido, na qual recolocamos em circulação livros esquecidos do passado que merecem novos leitores. Os primeiros seis livros, todos romances, foram publicados em 2021 e incluem o romance *Minty Alley* de C.L.R. James (1936). Seis títulos de não ficção serão lançados em 2022.

Meu ativismo tem sido concreto ao produzir o que se costuma chamar de resultados, para utilizar o discurso da gestão. Minha atuação na poesia britânica e africana começou porque assumi a responsabilidade de fazer as coisas acontecerem. Desse modo, as práticas de desenvolvimento pessoal que adotei nos anos 1990 para fortalecer minha própria carreira foram usadas para um benefício maior. Minha "agenda" de contatos literários foi essencial para fazer esses projetos decolarem, pois fui capaz de formar parcerias e angariar apoio. A experiência de gestão artística que começou com o Teatro das Mulheres Negras significava que eu tinha as habilidades de organização para pôr esses projetos em andamento, e, mais importante, o desejo político de fazer isso foi uma inspiração dos meus pais ativistas, que lutaram por mudanças sociais tantos anos atrás.

No passado nem tão distante assim, alguém que tinha uma posição alta no meio artístico me disse, a propósito do meu ativismo, que eu devia "parar de me comportar como uma assistente social" e focar em fazer mais sucesso com minha própria escrita. Foi, como pareceu, uma reprovação. Entretanto, minha ambição com minha carreira, primeiro no teatro, depois na literatura, sempre esteve entrelaçada com meus objetivos para minhas comunidades — como mulher, como pessoa não branca vinda de um contexto de classe operária/imigrante negra, e, mais recentemente, como uma mulher mais velha. Ao defender minhas comunidades, sempre priorizei minha própria carreira. De fato não sou um anjo abnegado, e há um bocado de satisfação em trazer a próxima geração a bordo. Não é uma tarefa ingrata. E vencer o Booker Prize aumentou meu capital cultural, de modo que quando tenho algo a dizer meu público é bem mais numeroso.

Minha arte e meu ativismo nascem da mesma fonte de intenções, e, em certo sentido, minha arte corporifica meu ativismo. O único problema de ser conhecida como ativista é que há, às vezes, mais interesse nisso do que na minha escrita. Com muita frequência, quando supostamente deveria ser entrevistada sobre meus livros, me perguntam como resolver a ausência de diversidade no mercado editorial. Hoje em dia, sugiro que peçam conselhos aos guardiões dos portais. Eles que são donos dos portões e têm a chave. Acho que podem encontrar uma solução sem minha ajuda.

O impacto do assassinato de George Floyd em maio de 2020 e o ressurgimento dos protestos do Black Lives Matter [Vidas Negras Importam] em todas as frentes, incluindo aquelas voltadas ao meio editorial, resultaram em um mercado sacudido de alto a baixo, que tem levado o racismo sistêmico a sério pela primeira vez. Muitos planos vêm aí. São tempos animadores.

Como escritora, meu projeto tem sido explorar a diáspora africana — passada, presente, real, imaginária — a partir de múltiplas perspectivas. Acolho o termo "escritora negra" porque, numa sociedade racializada, acho que é importante focar nessas narrativas. Ainda assim me perguntaram, com toda a seriedade, quando vou avançar e deixar de escrever apenas sobre pessoas negras, como se fosse um estágio pelo qual uma pessoa passa a caminho do próximo nível da iluminação humana. (Por outro lado, escritores brancos que nunca incluíram pessoas não brancas na sua ficção, mesmo quando escreveram sobre sociedades contemporâneas e multirraciais, nunca são questionados em relação a essa omissão.)

Digamos que eu escrevesse ficção somente sobre nigerianos, bom, isso me daria uma população de 190 milhões com a qual trabalhar — três vezes a população total do Reino Unido. Se você levar em consideração que pessoas negras são de fato a maioria global, então escrever a partir dessa perspectiva é, portanto, envolver-se com as possibilidades infinitas, criativas, históricas, fantásticas, multigeracionais e multidemográficas das nossas vidas. Dificilmente algo limitador.

Para alguns, o que é um absurdo, só narrativas brancas são vistas como capazes de explorar a universalidade na ficção. Essa é, talvez, uma das razões jamais reconhecidas pelas quais tem sido tão difícil para escritores negros terem seus livros publicados no Reino Unido. Tive centenas de conversas desvairadas nessa linha com pessoas que, em essência, veem a negritude como inferior à suposta universalidade da branquitude e que admiram escritores não brancos que criam histórias protagonizadas por brancos, que por sua vez são vistos como mais elevados do que o restante de nós que "não conseguimos ir além da raça". Isso não é uma crítica a qualquer escritor por suas escolhas narrativas, todos nós deveríamos ser livres para escrever o que quisermos.

A verdade é que a boa literatura nos dá uma compreensão mais profunda e universal através e além das especificidades de um grupo em particular, mas isso não significa que não necessitemos que as especificidades de um grupo em particular sejam representadas na ficção.

Também há uma suposição permanente de que, quando escritores negros em países majoritariamente brancos criam narrativas focadas em vidas negras, eles estão escrevendo sobre racismo. A maior parte dos romancistas e poetas britânicos negros não escreve diretamente sobre racismo, mas canaliza sua criatividade para tudo aquilo que nós, pessoas da raça humana, vivenciamos. Presumir o contrário é raciocínio preguiçoso. Quanto ao meu próprio trabalho, o racismo por vezes é uma linha que atravessa a vida dos personagens — porque é fiel à vida. Mas raramente ocupa o centro do meu trabalho, com exceção de *Blonde Roots*.

Outra reação conhecida é a de que tudo o que escrevemos supostamente seja sobre identidade. De novo, isso não só não é verdade como é condescendente. A implicação é que nós, autores negros, estamos sempre tentando nos encontrar através da escrita — algo que já foi dito a respeito de quase todos os livros que escrevi. Sim, às vezes escritores não brancos escrevem diretamente sobre identidade, mas nunca apenas sobre isso. Em meu trabalho, mesmo no autobiográfico *Lara*, exploro vários assuntos. Talvez o rótulo da "identidade" persista porque aqueles que não estão habituados a nossas histórias sintam que *eles* é que estão aprendendo sobre *nossas* "identidades", e isso distorce sua percepção da nossa criatividade. Sempre podemos analisar a literatura pelo prisma da identidade e encontrar evidências para isso, mas dificilmente é tudo o que o livro é.

Também me disseram que não importa o que eu escreva, escrevo sobre mim mesma. Eu sei, é maluquice. Como se de algum jeito eu fosse uma garota afro-romana de 1800 anos atrás, um homem caribenho gay septuagenário, um estudante de catorze anos vivendo num conjunto habitacional ou uma mulher branca escravizada vivendo em um universo paralelo! Um entrevistador de uma rádio me perguntou se todas as doze personagens de *Garota, mulher, outras* eram versões de mim mesma. Sério? Uma imigrante nigeriana que trabalha como faxineira e uma fazendeira de 93 anos do norte? Meus livros só falam de mim no sentido de que toda obra de ficção pode ser considerada uma manifestação das preocupações do autor ou da autora. A única personagem que é uma versão ficcionalizada de mim é a homônima Lara, e mesmo ali eu inventei coisas. É o que romancistas fazem.

Escritores criativos têm orgulho de serem os curadores da própria imaginação; valorizamos nossa capacidade de conceber ideias e de encontrar formas interessantes de expressá-las. Concedo a mim mesma licença artística total para escrever a partir de múltiplas perspectivas e para habitar diferentes culturas, sem ligar para as aparentes barreiras de raça, cultura, gênero e sexualidade. Sou a mais rebelde das escritoras; uma amante da liberdade e uma violadora das regras, razão pela qual sinto curiosidade em relação ao conceito de apropriação cultural, que desponta nas discussões sobre liberdade artística. Como a cultura pode ser propriedade de alguém quando está num perpétuo estado de movimento e de metamorfose, de permeabilidade e de receptividade a influências globais?

E qual é a ética do policiamento da imaginação quando uma pessoa que pertence a uma sociedade explora outra através da ficção? Podemos escrever sobre determinadas parcelas da população assumindo uma posição de autoridade, caso acreditemos que pertencemos a uma cultura em particular, mas isso significa que outros não podem tentar ficcionalizá-la com base na própria pesquisa, interesses, ideias e imaginação, como eu fiz em todos os meus livros? Podemos ter nossa escrita questionada quando não nos limitamos ao que se espera de nós, e podemos ter de enfrentar as consequências, mas é sensato impor regras — uma espécie de segregação cultural na literatura, seja racial ou outra? E se aplicarmos o conceito de apropriação cultural à literatura, então é certo que deveríamos aplicá-lo a outros campos — incluindo cinema, dança, arquitetura, design e música? Imagine como isso funcionaria. E, de qualquer forma, o que é uma cultura autêntica? Alguns vão dizer que as tradições das danças *morris* e do mastro representam a pura cultura britânica. E, no entanto, a dança *morris* era originalmente chamada de dança *Moorish* e se originou com os mouros* no Norte da África, e saltitar em torno de um mastro ao que tudo indica é um ritual pagão alemão. Qualquer tentativa de essencializar a cultura a partir de noções de autenticidade só tem êxito em fazer o oposto: revelar a interconexão das nossas sociedades.

* Em inglês, *moors*. (N. T.)

Neste capítulo, explorei como minhas estratégias de desenvolvimento pessoal me levaram a visualizar resultados positivos de modo a seguir em frente e como desenvolvi o ativismo na minha carreira criativa, e ainda levantei algumas questões mais amplas em relação ao olhar crítico às vezes limitador que cerca nosso trabalho.

Conclusão

Tem sido um longo caminho desde que cresci, nos anos 1960, numa família alvo de racistas que ameaçavam uma casa cheia de crianças pequenas como se elas fossem o inimigo numa zona de guerra.

Vivenciei mudanças sociais consideráveis e posso afirmar de forma categórica que este não é o país da minha infância, no qual a discriminação não podia ser contestada diante de um tribunal e o poder estabelecido parecia uma fortaleza impenetrável. Vários dos papéis que desempenhei na vida profissional seriam inconcebíveis na época em que nasci, e nunca poderia tê-los imaginado quando jovem, não só como escritora de livros, mas também como membro de conselhos, editora de publicações, diretora de júris de prêmios e docente na academia. (Ainda que, como as mulheres de ascendência africana representam 0,15% dos professores universitários do Reino Unido, ainda haja muito trabalho a ser feito.)

A pessoa que sou hoje não atira mais pedras na fortaleza. Me sento no interior daquelas câmaras e tenho conversas educadas, persuasivas e persistentes sobre a melhor maneira de transformarinfraestruturas obsoletas para acomodar aqueles que foram injustamente excluídos. A rebelde do lado de fora se tornou a negociadora do lado de dentro, que compreende que precisamos nos sentar à mesa na qual as decisões são tomadas, e que trazer pessoas para as conversas é, em última instância, mais eficaz do que gritar com elas (por mais satisfatório que isso possa ser às vezes).

O que passei a entender é que desigualdades de um tipo ou de outro sempre vão existir, porque a raça humana é tribal e hierárquica, e histórica e primordialmente patriarcal; e, se escolhermos defender a transformação social, podemos muito bem desfrutar da luta. Acho o ativismo revigorante, produtivo e gratificante, o oposto de choramingar as mazelas da sociedade e esperar que a mudança aconteça, o que perpetua uma mentalidade de impotência.

Embora hoje em dia eu às vezes circule em ambientes elitizados, isso não significa que esteja imune ao racismo escancarado que existe. Não faz muito tempo, repreendi uma dupla de encrenqueiros na parte de cima de um ônibus, só para ser chamada de "cabelo de ovelha". Uma parente de nove anos, sentada ao meu lado, ficou chocada que eles tenham tido a coragem de me xingar porque (a) sou uma adulta, que deveria ser tratada com respeito, e (b) sou uma escritora publicada — o que, é claro, aqueles meninos não sabiam. Achei a estupidez do xingamento deles e a inocência adorável dela muito divertidas.

Em 2015, fui agraciada com uma bolsa prestigiosa em uma faculdade da Ivy League nos Estados Unidos, que incluía uma casa muito elegante em uma região branca e rica. Voltei para casa das compras numa tarde de sábado e me sentei na sala, quando ouvi alguém atrás de mim. Me virei e um policial estava parado na soleira da porta. Sabia que eles patrulhavam a área e tinham as chaves da propriedade, mas a faculdade os havia notificado de que uma escritora estava na residência. Aparentemente eu tinha sido denunciada. (Uma mulher negra usando chaves para entrar numa casa — sem dúvida alguma um crime.) Fiquei tão indignada que gritei com ele, sem refletir que aquele era um policial norte-americano *armado*. Ainda assim funcionou, e ele deu o fora rapidinho. Talvez meu sotaque inglês tenha sido o suficiente para convencê-lo de que eu não era uma assaltante.

Os choques pessoais com o racismo escancarado me mantêm alerta, junto com meu conhecimento e observação das múltiplas manifestações do racismo sistêmico, que deve ser investigado e identificado na luta para erradicá-lo, sobretudo em um país no qual a negação está sempre à espreita.

Cada obstáculo que superei na vida, seja durante a infância, com minhas questões de acomodação e relacionamentos, em minha experiência no teatro ou na construção dos meus romances, me tornou mais resiliente e determinada a seguir em frente.

Luta, positividade, visão, ativismo e crença em mim mesma: tudo isso contribuiu para eu me tornar implacável. E minha compreensão da vida, da luta e de mim mesma continua a enriquecer meu conhecimento da natureza humana — um ingrediente essencial para a criação ficcional. Hoje, sei bem mais a respeito da raça humana do que sabia quando era uma jovem dramaturga de vinte e poucos anos.

Ganhei o Booker Prize aos sessenta, que foi a idade perfeita para aquilo acontecer, embora seja surpreendente que tenha de fato acontecido. Neste estágio da vida, não apenas desenvolvi uma ética profissional impressionante como sei que não vou me contentar com o que conquistei e relaxar. Tenho noção dos caminhos do mundo, e meu caráter é sólido e inabalável.

Me considero sortuda por ter herdado qualidades de antepassados que nunca desistiram: minha mãe, que não ia renunciar ao homem que amava por conta da desaprovação da família; meu pai, que esteve no olho do furacão do racismo na Grã-Bretanha e lutou para melhorar a vida de pessoas de todas as cores da classe operária; Nana, cujos sonhos para a filha única desmoronaram quando ela se casou com um homem negro, mas que amou os netos mesmo assim, apesar de não amar o tom da nossa pele; meu avô Gregorio, que fugiu da cultura pós-escravagista do Brasil para a Iorubalândia, onde virou um funcionário da alfândega; meus ancestrais irlandeses, que fugiram da pobreza e do desprezo social na Irlanda para se refazerem na Inglaterra; meu tataravô Louis, que fugiu das plantações arruinadas da Alemanha da metade do século XIX para se estabelecer em Londres; e todos os outros ancestrais que seguiram em frente quando a vida se tornava impossível — cruzando oceanos ao tomar parte nas imigrações, saindo do campo rumo à cidade, do centro rumo aos subúrbios, da terra natal rumo a uma terra hostil, do conhecido rumo ao desconhecido —, a fim de construir uma vida nova e melhor para si mesmos.

Eu nunca seria uma pessoa que aceita derrotas, que desistiria. Segui a trilha que eles abriram para mim ao longo de várias gerações.

Sou antes de tudo e principalmente uma escritora; é pela palavra escrita que eu processo todas as coisas — eu mesma, a vida, a sociedade, a história, a política. Não é só um trabalho ou uma paixão, é o próprio âmago de como existo no mundo, e sou viciada nessa aventura de contar histórias como meu meio mais poderoso de comunicação.

Para citar Zuleika de *The Emperor's Babe*, este é meu legado: "Deixar um sussurro de mim mesma no mundo./ Meu fantasma, uma ópera magna de palavras".

O Manifesto Evaristo

Existe um manifesto em cada um de nós, que emerge no decorrer da nossa vida e se transforma & se reconfigura através da nossa experiência. Este é o meu.

Todo mundo deveria ter a oportunidade de criar, compartilhar & consumir histórias que reflitam sua cultura & comunidades, para todos nos sentirmos igualmente validados.

Contadores de histórias devem superar todos os obstáculos internos & externos ao priorizar nosso compromisso com ambição, trabalho duro, ofício, originalidade & irrefreabilidade.

A criatividade circula livremente pela nossa imaginação, esperando que a compreendamos. Ela não deve ser contida por regras ou censura, ainda que não devamos ignorar seus contextos sociopolíticos.

Seja rebelde, desobediente & audaz com sua criatividade, assuma riscos em vez de seguir por estradas previsíveis; aqueles que se movem dentro dos limites seguros não fazem nossa cultura ou civilização avançar.

Uma pessoa sensata escolhe um(a) parceiro(a) que apoie sua

criatividade & se livra de quem vai prejudicá-la, sabotá-la ou mesmo destruí-la.

O sucesso pessoal é mais significativo quando usado para melhorar comunidades que de outro modo ficariam esquecidas. Estamos interligados & devemos cuidar uns dos outros.

A sociedade opera através de redes poderosas & quase sempre impenetráveis que sustentam suas hierarquias tribais, de modo que devemos estabelecer nossos próprios sistemas como medida defensiva.

Devemos transmitir o que sabemos para a próxima geração & expressar gratidão àqueles que nos ajudaram — ninguém chega a lugar algum por conta própria.

Os ancestrais oscilam em silêncio atrás de nós, as almas mortas dos que já partiram e que são a razão pela qual viemos a existir — devemos nos lembrar deles.

Agradecimentos

Brigada, Simon Prosser, meu editor, e a equipe da Hamish Hamilton e da Penguin que trabalha de forma incansável nos bastidores para guiar nossos manuscritos por cada um dos estágios, da edição à publicação, e rumo às livrarias e além. Em particular, Anna Ridley, Hannah Chukwu, Hermione Thompson, Rosie Safaty, Alexia Thomaidis, Tineke Mollemans, Trevor Horwood, Natalie Wall, Richard Bravery e Annie Underwood.

Brigada, Emma Paterson, minha agente, e a equipe que trabalhou comigo na Aitken Alexander: Lisa Baker, Anna Hall, Monica MacSwan, Laura Otal e Lesley Thorne.

Brigada, Peter Blackstock, meu editor nos Estados Unidos, e John Mark Boling e Deb Seager, da Grove Atlantic. Brigada, Anya Buckland e time da Blueflower Arts.

Brigada, Teatro para Jovens de Greenwich (agora Tramshed), em especial John Baraldi; e brigada, equipe do Bowsprit dos anos 1970, que atuava em prol do teatro nas escolas, em especial Tim Webb.

Brigada, Peter Cook, o professor que ressuscitou o grupo de teatro na Eltham Hill para que eu pudesse me exibir e atuar.

Brigada, Rose Bruford College of Theatre and Performance, e todos os professores inspiradores e dramaturgos e diretores visitantes que aprimoraram minha capacidade performática, minha imaginação, meu espírito rebelde e meu pensamento crítico: Jude Alderson, Leah Bartal (RIP), Stuart Bennett (RIP), Yvonne Brewster, Hazel Carey, Sue Colville, Jess Curtis, Lyn Darnley, Anna Furse, Bernie Goss (RIP), Sara Hardy, Colin Hicks, Libby Mason, Dave Pammenter, Sue Parrish, Robin Samson, Colin Sell e David Sulkin. (Perdão por qualquer esquecimento.)

Brigada, Patricia St. Hilaire e Paulette Randall, por tramarem o Teatro das Mulheres Negras comigo, e todas as mulheres que nos apoiaram no início, quando precisávamos desesperadamente de apoio: Jules Baxter, Val Bickford, Tricia Bohn, Kate Crutchley (RIP), Vanessa Galvin, Rosa Jones e Sarah Morrison.

Brigada, departamento de literatura do British Council, pelos anos de parceria; Museu de Londres; *Wasafiri*; Fundação Arvon; meus colegas na Universidade de Brunel, em especial o professor William Leahy, que me trouxe a bordo; equipes da Royal Society of Literature, Sky Arts e *The South Bank Show*; e a série documental *Imagine*, da BBC.

Brigada, Jack Black e Mindstore, Birkbeck College e Goldsmiths.

Brigada, Renaissance One e Speaking Volumes, e todas as outras organizações e pessoas que me apoiaram profissionalmente ao longo dos anos.

Brigada, família, sobretudo meus pais; e todos os amigos — do passado & do presente. Vocês sabem quem são.

Brigadão, meu parceiro no amor, no casamento, nas conversas, na escrita, nas caminhadas, pedaladas e risadas — "O Maridão", também conhecido como David, O Grande!

ESTA OBRA FOI COMPOSTA EM MINION PELO ACQUA ESTÚDIO E IMPRESSA EM OFSETE PELA GEOGRÁFICA SOBRE PAPEL PÓLEN SOFT DA SUZANO S.A. PARA A EDITORA SCHWARCZ EM AGOSTO DE 2022